人生に生きる五輪の書

井上正孝

宮本武蔵晩年の自画像（島田美術館蔵）

著者近影

修行訓

一、正しきを学べ
強きを論ぜず正しきを旨とせよ

一、己に克て
人に勝たんとすれば先ず己に克て

一、心常に剣を離れず
天地自然の理を打太刀とし
常に心の剣を磨け

八十四翁 星光斎

序

『五輪の書』が最近多くの外国語に飜訳され、多数の人々に愛読されるゆえんのものは、単にその兵法・技術を謳歌するものではなく、死線を越えた人生の哲理に共感を覚え、その真髄にふれんとするものであろう。

私が『五輪の書』をばらばらにふりほどいて新しい系列のもとにこれを解かんとするのも、結局は武蔵の心法を現代人に解り易く伝え、そしてこれを日常生活に実践して貰いたいという意図に外ならない。武蔵の兵法三十五ヶ条は『五輪の書』の二年前に書かれたものであり、殆んど同一内容を持っている。その他、独行道や圓明流、二天記なども集約し、更に柳生流や不動智を始め多くの諸流諸派の粋を集め、『五輪の書』と縫合して多くの剣客剣豪が兵法から入った人生の見性悟道の精神を学び、更にこれを現代人の人生航路の一助に資せんと念ずるものである。

武蔵の「五輪」と人生の「五倫」との真髄的接点を御感得頂き、兵法の極致がいかに貴い人生の教訓であるかを知り、これを強く現代社会に実践して頂けば武蔵の精神も今日に生かされるし、剣道の真諦も又新しく認識されるであろう。

目次

カバー画／飛田啓之介

地の巻

地は天地の地であり、自然の大地にして物を生成する基盤である。

「五輪」は天地自然の輪廻《りんね》であり「五倫」は人生日常の軌範である。

武蔵はこの巻において二天一流の基本的な考え方を示し、〝浅きより深きに至る〟と書いているが、それはすべてのものを原則に従い合理的に活用しようとすることであろう。

従って私も又この章に於て、剣の理を貴び、現代剣道の基本的な考え方を探求し、その最も根本的事項を積み重ねて剣道指導の基盤を構築してみたいと思う。

「兵法は術に非ず道なり。たとへいか程の敵に勝つと雖《いえど》も習ひに叛《そむ》くことにおいては誠の道に非ず」　武蔵

この一語こそ武蔵積年に亘る鍛錬の成果を凝集した信念の哲言であり、広く日本剣道の行くえと在り方を明示した最高至上の名言と言うべきであろう。

兵法が身を守り、敵を制する技術であったことは誰一人疑う者はいないが、その闘争の死線を突破して術を道にまで昇華させた哲学的思想に自ら頭の下る思いがする。

この思想大系は独り武蔵のみならず多くの卓越した剣豪剣聖によって高く唱導され広く斯界に浸透した。

塚原卜伝は「以心伝心の二刀は我が我慢の鋒《ほこ》を切り悪念のきざしを断つ」と言っている。我がさす大小は人を切るためのものではなくて、自分の慢心や悪念を断つものだと、剣の鋒先を我が心に向けて、その本義を実に明快に割り切っている。

紙谷伝心斎は「我が持つ刀は人を切るものでなくて自分の非心を切るものだ」として自分の刀を「非切丸」と命名した。

更に柳生石舟斎は「我、人に勝つ道を知らず。我、我に克つ道を知れり」と剣のありかを実に鮮明にし、その子但馬守も「人に勝つ道は知らず、己に克つことを覚えたり」と道の貴さを喝破している。但馬守五十歳の技心円熟の時の言葉である。

これらの教条はまさしく「兵法は術に非ず道なり」とする武蔵の信念と全くその揆を一にしたものである。

この精神は時代と共に推移して幕末の頃には斎藤弥九郎や山岡鉄舟など兵法の道の存する所を教え、心の修行の貴さを実践して自らその範を示している。

更に明治四十四年、剣道が学校体操科の中に正式採用された際にも単なる体操でなくて、気育、徳育、体育の三大使命を秘めて編入されたものと伝えられている。

更に時代は下って昭和十一年の体錬科武道の教授要目には学校教育としての剣道の使命が実に明快に示されている。

「柔道及び剣道はその主眼とするところ心身の鍛錬にありと雖《いえど》も特に精神的訓練に重きを置くべし。技術の末に走り勝敗を争うが如き弊を避くるを要す」実に直截にして簡明なる表現であり、武道教育の今日的目的とその在るべき姿を余す所なく言い尽し、洵《まこと》に言い得て切なるものがある。

こうした歴史的背景と現実的推移とを考える時、今日の剣道教育が何をねらい、何を目指し、そしていかにあるべきかは言わずして明かであり、現代剣道の変質荒廃した実体を見て反省と悔恨の情なき者はいないであろうし、その本来の姿に復元する努力が今なされなければならない。

兵法の道ということ

兵法とは「兵は武器なり、これを持つ者を兵士と言い、これを習うの術を兵法と言う」と言われるように、兵法とは広義の武芸の意味であるが、後代は専ら剣道を指すようになった。「道」とは『中庸』には次のように書かれている。「天命これを性と言い、性に従うこれを道と言う」。また『荘子』では「宇宙を支配する原理を道と言う」と教えているが、いずれも天地自然に逆らわぬことが道であると言っているのである。

更に日本流にこれを解明すれば、「道」という字は首という字と辶（しんにゅう）の組合せである。首は人間であり辶は止ると行くという意味だそうで、「道」とは人間が何回も行きつもどりつして見出した真理であると解されている。私共が普通に言う「道」とは、人が守り行うべき正しい道理であり、剣道とは剣の修錬によってその理を知り、これによって人生のあるべき姿を見出そうとするものである。武蔵の言う「道」も又この意味と解すべきであろうし、たとえいか程の敵に勝つとも法則に叛いてはまことの道に非ずという所に深遠なる意味が秘められている。

有《う》構《こう》無《む》構《こう》

武蔵

剣道の基本は構えであるが、その構えとは「攻めるに易く、守るに難い」心身両様の備えであり、内容を分析すれば「気構え」「身構え」「太刀構え」の三つに分けることができる。そしてその三位《み》一体の備えが完全なる剣道の構えである。

武蔵は「有構無構」と称して、構えはあれども無きが如きものだと説いているが、これは一つの構えにこだわってはならないという教えであり、柳生流にも「無形《むぎょう》の構」というのがある。

武蔵は「兵法勝負の道に於ては何事も先手先手と心がけ、構えるという心は先手を待つ心だから、すべて後手になり一番いけない事だ」と説いている。然し又別の項には「構えの極りは中段と心得べし、中段の構え本意なり」とも書き、中段こそ剣道の「常の構え」だとも言っている。結局武蔵の言わんとするところは、固定した形式にこだわるなということであろう。

昔からその流儀流派により「三角矩の構え」「身幅の構え」或は「唐傘の構え」など種々雑多の構えがあり、私も最初は全然分からなかったが、「唐傘の構え」こそ武蔵の言う「有構無構」と全く同じ精神のものであることが最近やっと分かってきた。

武蔵の「有構無構」を曲解して「構え無用」を説く人はいささか飛躍に過ぎたるものであり、「有構無構」の真髄は武蔵の自画像を見れば一目瞭然である。両刀をぶらりと下げて立った姿はいかにも無構えであるが、気構え、身構えはきちんと出来ているし、いざとなればさっと両刀が十字に構えられる状態になっている。あれが本当の意味の「有構無構」の構えであり、その精神は孫子の言う「極は無形に至る」の真髄と一致するものであろう。

（展開一）生活の有構無構

剣道に於て常に油断なき心構えは最も大事なことであるが、我々は日常生活に於ても「有構無構」の心構えは絶対に忘れてはならない。昔は「男子門を出づれば七人の敵あり」と言われたが、今は老若男女を問わず門を出ればいずこにも無数の敵が存在している。道には車が縦横に走り、町には人の列が延々と続き、交通信号は七面鳥のように変っていく。

暴走族がヘルメットをかぶって恐ろしい勢いでそばを走り抜けて行くし、一寸の油断も出来ない交通戦争である。

常に走る凶器との間合を考え、いささかの気抜きも出来ない気構え身構えの連続である。スピードの時代だけに身も心も常にスピーディでなければこれに対応出来ないし、ぼんやりしていてはとてもこの身がもたない。

伊藤一刀斎は神子上典膳に一刀流の極意を授ける時に「油断と我慢を忘れるな」とさとしたそうであるが、油断をせぬことは武人の心構えであり、我慢をすることは人生の気構えである。こう考えれば武蔵の言う「有構無構」は我々人生の毎日の戒めであり、生活の条件でもある。

昔の武士は常に五つの掟《おきて》を忘れなかった。

それは「右側通行、ふところ手、脇見、ずり足、落し差し」の五つで、いずれも武士の日常の心がけであった。

武士が常に左側通行をしたのは、不意に敵に襲われた時に、左側通行をしていればいつでも右手で刀を抜いて直ちに対応できるからである。

ふところ手はいざという時に間に合わない。坂本竜馬が刺客に襲われた時、刀かけの刀に手をかけながらむざむざ斬殺されたのは、彼がいつもの癖で、ふところ手でいたからではないかと後世批判されているが、竜馬は一刀流の使い手であり、新撰組の佐々木如きに一合も交えずに斬殺される筈がないというのが一般の常識論である。

ふところ手が竜馬の悪い癖であり、彼の銅像もふところ手になっているくらいで、その悪い癖が結局彼の雄図を挫《くじ》き、大事な日本の生命を奪ってしまったのである。

昔のふところ手は今のポケット手であり、若い人でもポケットに手をさしこんで背中を丸め老人のような格好をして歩いている人が多い。これも近代人としては見苦しいやり方であり、何だか亡国の民を思わせる哀愁である。

「有構無構」は我々には実によい教訓であり、日常生活に於ても万事において固着執心せず、いずれにも気を配り、常に身構え、気構えの積極的な心の武装を忘れてはならない。

それが生活の条件であり、裏を返せば天地自然を打太刀とする日々の剣道修行でもある。

姿勢

構えの基本をなすものは〝自然体〟であり人間の姿勢である。姿勢の姿《し》は姿《すがた》であり姿は素形と書いて人間の生れながらの歪められない体形を意味している。姿勢の勢《せい》は勢《いきお》い（意気生い）であり、精神力のことである。だとすると姿勢とは正しい立ち姿の中に強い精神力が充満していなければならない。然らば正しい姿勢とはどんなものであろうか。

一、背骨が真直ぐに伸びていること

二、頭がその上に正しく乗っていること

三、全身がリラックスしていること

（『健康読本』より）

その他内面的には丹田とか精神とかいろいろ言われているが、外面的には以上三つの条件を備えていれば正しい姿勢ということができるし、その一つを欠いてもまさに落第である。

「姿勢を正せ」と言えばすぐに硬直して、しゃちほこばった姿勢になるが、実際は決してそうではなく、リラックスした優しい姿の中に逞しい精神力を持ち、静かな物腰の中に、敏速な行動を秘めていることである。

これをもっと端的に分かり易く説いたものに禅とヨガがある。禅では「丹田を充実させて後頭骨で天井を突き抜け」と言い、ヨガでは「鼻と臍《へそ》を結ぶ線が垂直になるようにせよ」と教えている。禅は後ろ姿をとらえ、ヨガは前からの姿を表現しているが、いずれも簡にして要を尽した名言である。

人間がいつでもこの姿勢でいれば人は常に健康であり、外面的にも実に立派である。

最近「政治家は政治の姿勢を正せ」「教育者は教育の姿勢を正せ」とよく言われるが、その〝姿勢を正す〟ということが私共の日常生活に於ては最も大事な生活の条件である。

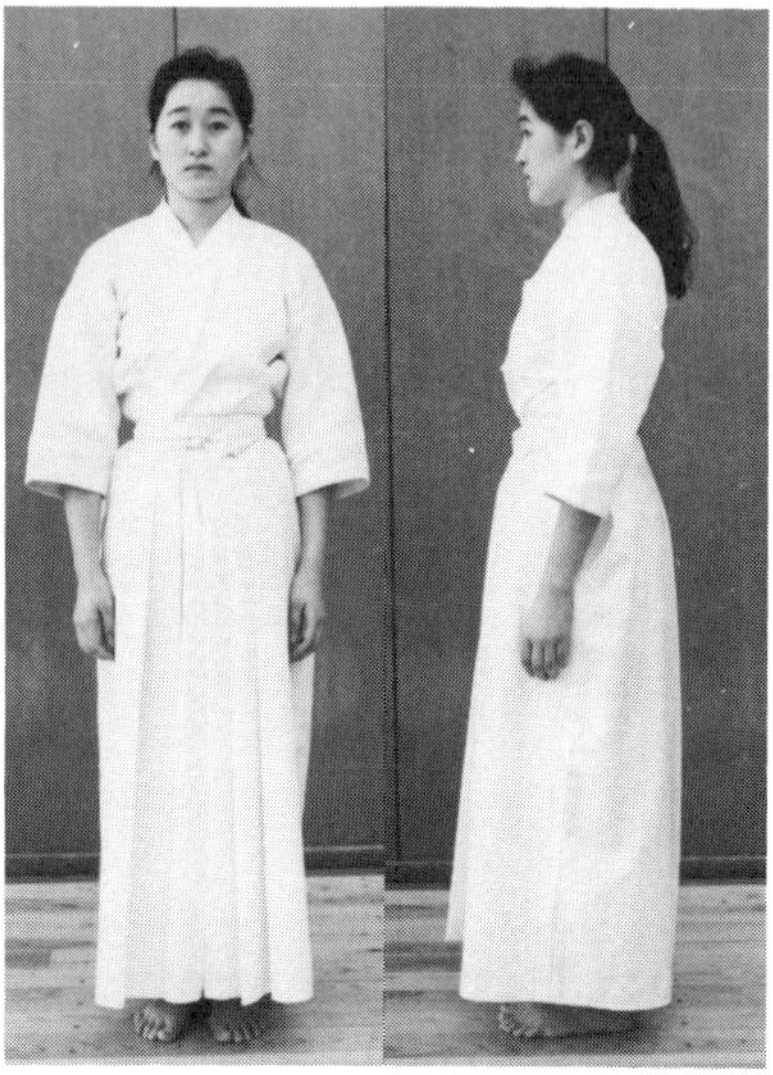

正しい姿勢
正しい姿勢について、禅では「丹田を充実させて後頭骨で天井を突き抜け」と言い、ヨガでは「鼻と臍を結ぶ線が垂直になるようにせよ」と教えている。禅は後ろ姿をとらえ、ヨガは前からの姿を表現している。

剣道教育に於て最初に徹底的に教えることは「正座」と「返事」である。この二つが完全に出来れば、あとは労せずして自ら目的に近づくことが出来る。

正座が立派に出来れば、そのまま立てば理想的な立姿になり、それに竹刀を持たせれば完全なる中段の構えとなる。

人から呼ばれて返事をする時は必ず「ハイッ」と奥歯で噛み切れと教える。神道無念流の極意は「すべての技を奥歯で噛み切れ」ということだそうであるが、そうした歯切れのよい返事は心が緊張していなければ出来ないことで、「はーい」と間のびのした返事をする時は、必ず精神のたるんでいる時である。だから剣道では先ず何よりも正座と返事を厳正に指導しなければならないし、この二本のレールに正しく乗せればあとは快適に進んで行く。

今の剣道教育は、この大事なポイントを忘れて、いきなり竹刀を持たせて勝つことばかり教えようとする。だから近道かえって遠道となり、迷路に入りこんでしまって行く先も出口もさっぱり分からなくなってしまうのである。

私は「竹刀の持ち方を教える前に先ず心の持ち方を教えよ。人に勝つことを教える前に先ず己に克つことを教えよ」というのが強い教育信念であり、更に「強きを論ぜず正しきを説くべし」という指導理念も忘れてはならない根本精神だと常に心がけている。

何をやるにも正しい精神的基礎が一番大事であり、基本的姿勢も出来ないまま、徒《いたず》らに先を急いでもそれは〝賽《さい》の河原の石こづみ〟で、積んだはしから皆崩れて行く。堅確なる姿勢こそ剣道鉄壁の基礎であり、先ず剣の心をいしずえとし、その態度を高く持することが名城を構築するゆえんであり、剣道指導者の最も心すべき鉄則であろう。

姿勢と健康

姿勢は人間基本の体位であり健康の基、幸福の源泉である。だから姿勢を正すことが健康生活の第一歩である。

仏法に「竹蛇の訓《おし》え」ということがある。蛇はクネクネしてなかなか真直ぐにはならないものであるが、これを同じ大きさの竹筒に入れれば真直ぐにならざるをえないのと同様に、人間の心はいつもコロコロして、どこにころんで行くか分からないからこころと言うと言われるくらい動じ易いものであるが、その心でも真直ぐな躰の中に入れれば必ず安定して決して外にはころげ出さない。

だから人間の姿勢が正しくなればその心も正しくなり、その中に納まっている五臓六腑も皆正常に所を得て正しく機能し、絶対に病気になることはない。

そもそも健康の健は躰がすこやかということであり、康は心が安らかなることで、言うなれば〝健体康心〟ということである。だから躰だけどんなに頑健でも心に不安があり、よこしまな悩みがあればそれは健康とは言いえないのである。

だから人間は常に心を正し、身を正し、行ないを正しくして〝健体康心〟の実をあげることが不老長寿の何よりの秘訣である。

更にもう一つ剣道人が心すべきことは、足腰の痛みと難聴である。剣道人に足腰の故障が多いのは、足の踏み方、使い方、打突の仕方に無理があることと、稽古後の整理運動が正しく行われていないからである。

剣道は堅い道具をつけて長時間、同じ姿勢でやっているので躰が硬直することは当然のことであり、稽古後に必ず整理運動をやって躰をほぐし、活力と弾力性を取り戻しておかなければならない。

剣道人は姿勢がいいと皆んなからほめられるが、実は筋肉硬化で本当の弾力性や柔軟性は失われていることが多い。剣道の先生が裸になると肱《ひじ》や膝《ひざ》にサポーターを巻き、腰には大きな相撲とり膏薬《こうやく》をはり、脱衣所はまるで満身創痍《そうい》の老人サロンの観を呈することがある。

難聴も今の若い人には少ないだろうが、私共の若い時には横面が相手をやっつける最上の武器であり、左右の横面を打つのがはやって、私など何度鼓膜を破られたか知れない。

そんなことで難聴になり、今私はまるでツンボ同然であり、人の言うこともよく分からぬまま生返事をして相手に迷惑をかけることが多い。

自分はよく聞こえないから、どんなに真剣に対応していても話のピントが狂っているので、つい生返事をする。そうすると相手は俺を小馬鹿にしたと感情を害する。実にいやなことであるが、これも皆健康障害から来る不幸であり、若い時に健康に無関心だった罪の報いである。

今は私共の若い時代と違って医学も進み健康管理の方法もよく研究されているので躰のどの部分にもいささかの曇りもないように管理と予防に注意することが、剣道人の心がけでもあり世渡りの要諦でもあろう。

正姿の実践

姿勢態度は我々の生活と共にあるものであり、その人の人物評価にもつながる人生の大きな問題である。正しい姿勢を育成することが剣道の大きな目的の一つであるとするならば、道場で培われた正しい姿勢が人生に於ていかに展開実践されているかを更に深く探求してみる必要があろう。

「道は正姿の中にあり」（ヨガ）とも言われ「正思は正姿の中より生ず」（中国）とも言われるくらい正姿は人間形成の出発点である。

昔の武士は特にその正姿正体を尊び、それを崩さない方法として「襟首袴腰」の教えがあった。襟首は着物の襟が自分の首に密着していることで、袴腰とは袴の腰板がぴったり腰骨に着いていることである。

そうすれば腰骨がぴんと伸びて姿勢が正しくなり、更に着物の襟が首に密着していれば頭が正しく保たれて、躰全体のバランスがとれて実に美しい姿態となる。

昔の武士が〝威儀を正す〟というのはそういうことで、常に裃《かみしも》をつけ袴をはき、上から下まで寸分の隙もない心の構えを作ることであった。

襟首袴腰
昔の武士は正しい姿勢を崩さない方法として「襟首袴腰」の教えがあった。「襟首」は着物の襟が首に密着していることで、「袴腰」は袴の腰板がぴったり腰骨に着いていることである。

現代人の我々は裃《かみしも》もつけず袴もはかないが、洋服を着ていても「襟首袴腰」の心がけは絶対に必要であり、その精神がその人の威儀を正し、麗しい全体美を形成するものである。

西諺にも「健全なる精神は健全なる身体に宿る」と言われるように心身は一如であり、正心正姿はまさに表裏同源の関係にある。

演説や講演に対する評価も、その内容や話し方でなくて、その堂々たる風姿にあるとアメリカの統計が報じていた。

又日本の民謡も「一節、二声、三姿」と言われるように、歌を歌うにも単なるよい節、よい声だけでなしに更によい姿がその評価の重点的対象になることを思えば、我々の日常生活に於ける姿の美、姿勢の貴さを更に強く認識しなければならない。

人間が若死することを夭折《ようせつ》と言うが、夭折の夭は人間の腰の曲った悪い姿勢の象形文字であり、姿勢が悪ければ早死するぞという戒めである。「健体康心」こそ人生最大の幸福であり、その「健体康心」の源《みなもと》は正しい姿勢であることを強く認識し、常に正しい姿勢の育成に心がけなければならない。それが我々の明け暮れの剣道修行であり、永遠に貴ばれる剣の余徳である。

（展開）武蔵と兵庫

宮本武蔵が江戸から京都に行く途中、名古屋城下においてこんな出来事があった。

武蔵が遙か向うから来る深編笠の武士の姿を見て「江戸を発ってこのかた初めて活きた人間に会った」とつぶやいた。

すれ違いざまに「そこを行かれるのは兵庫殿では御座らぬか」と言えば、その声のまだ消えないうちに「そう言われる御仁は武蔵殿で御座ろう」という返事が返って来た。ほんの瞬時のやりとりであったが、この中に無限の教訓がふくまれている。今のようなテレビも顔写真もない時代の話である。しかも遙か向うの深編笠の武士を見て武蔵が一目で兵庫と見破ったのは、その物腰態度や歩き方に尋常ならぬものを見抜いての一言であったであろう。

更に又、兵庫の方も多くの人で雑踏する城下町で、一人の武者姿の武士を武蔵と感じとった眼力は恐るべきものであり、昔の武士がいかに油断のない気構えを持ち、いかに人に対する洞察力が強かったかを知り、その周到の心構えに強い驚きと深い敬意を表すると共に、その真剣さに自ら頭の下る思いがする。

寛永七年、武蔵四十七才、兵庫五十二才の時の出来事である。

今、新宿や銀座の盛り場に行けば、まるでうなだれた群集の波であり、誰一人「活きた人間」を見出すことが出来ない。

道場で立派な姿勢態度で日々の修行をするならば、その立派な姿勢態度をそのまま日常生活に展開することが剣道の目的であり、武蔵の教える「常住兵法の身」の醍醐味というべきものではあるまいか。せめて剣道人ぐらいは「活きた人間」であってほしいと思う。

「兵法の理にまかせて諸芸諸能の道となせば万事に於て我に師匠なし」

武蔵

武蔵のこの自信に満ちた誇り高い言葉はまさに千金に値するものであり、剣を学ぶすべての人が深く考え強く実行すべき千古の哲言である。

兵法の理は天地自然の理であり、この天理天則に従って行動すれば万事に於て何等の支障もなく、学ぶべき師匠も不要である。

「剣の理」こそは何物にも勝る我が師匠であり、独創開発の根源である。武蔵はこの信念に基いて、書を書き、絵を描き、更に彫刻にまで専念して、その作品は皆玄人《くろうと》も及ばぬ傑作揃いだと世人に高く評価されている。

「兵法の理」も究極はこの心域にまで到達すべきものであり、学剣者のひとしく反芻《はんすう》し実践躬行《きゅうこう》すべき事理一貫の到達目標であろう。

(展開一) 中墨《なかずみ》

社会にはさまざまな出来事が起り、我が周辺にも又むつかしい問題が常に起きてくる。そしてそのつどこれをどう処理し、いかに解決すべきかと迷うことが再々ある。

そんな時に「剣道ならばどうするか」と、事件を剣道の方程式に乗せて考えてみれば事はたちどころに解決する。

剣道には嘉言林の如しで、いかなる事件にも対処出来る教訓が多く、いかなる困難なことでも直ちに解決出来る心の処理法がちゃんと教えられている。

剣道では「中墨をはずすな」ということが各流各派を通じての極意であるが、これは人生に於ては中正の道をとって誤るなということである。「中墨をはずすな」ということは一言にして言えば「自分の剣尖を相手の中心線からはずすな」ということで、これを守れるかどうかが相手に勝つか負けるかの岐《わか》れ道である。

剣道の中墨の大事さは誰でも知っている剣道のいろはであるが、然らば人生の中墨はどうであろうか。稽古中に中墨をはずさないこともむつかしいが、人生に於ける中正の中墨をとって迷わないことはもっとむつかしいことであり至難のわざである。

正邪善悪の区別は誰にも分かっているが、それには利害が伴い、圧力や誘惑がつきものである。「こうすべきだ」と自分では分かり切ったことでも権力者の圧力やもろもろの利益誘導にひっかかって、つい思いもかけぬ方向に流されてしまう。こういう時に圧力にも屈せず誘惑にも負けず毅然たる態度をとって、中正の道を貫くことこそ、求道者の魂であり、剣道修行者の人生における「中墨」の実践であろう。

剣道で相手の剣先に攻められて首を左右に振ったり、竹刀を上下にウロチョロ動かしたりすることは見苦しい限りであり、例え相手から一本も打たれなくてもこれは完全なる負けである。その反対に相手からどんなに打たれても突かれても中墨をとって動ぜず毅然たる態度を堅持することが出来れば、それは見事なる勝利であり、武蔵の言う「巌《いわお》の身」の具象化である。剣道の〝不動心〟とか〝風格〟とかいうことはこうした中墨をとって動ぜぬ姿を指して言うので、剣道が打突の現象だけでなくて不動心を尊び「巌の身」を大事にするゆえんが、そこに存している。

こうした道場に於ける中墨のとり方を生活に実践し社会に展開することが剣道修行の目的であり、その域にまで到達することが武蔵の言う「兵法の理を以て処生の道とすれば万事に於て我に師匠なし」という強い信念となり、更に坦々たる大道を進み行く原動力となるものであろう。

☆**中墨**

中墨とは大工さんが原木の中心をとるため墨糸で印しをつける、その糸目のことである。

現代では簡単に〝相手の中心線をとること〟というが相手は原木であり、どちらを向いているか分からないひねくれ松である。それだけに中心をとることがむつかしい。

剣道でもどんな変剣難剣に対してもその中心をとらねばならぬが、そこにむつかしさがあり芸の深さがある。更に百鬼夜行の世の中に於て、その正義の中心線をはずさぬことがいかにむつかしいことであるかを知らねばならぬ。

兵法常住の身、常住兵法の身

武蔵

剣道をやる時の身構えは常日頃やっている日常生活の身なりであり、平素の生活態度は又剣道をやる時の身構え、心構えと変ることはない。即ち剣道をやる時も日常の生活態度も全く同じ心境でなければならないという武蔵の信念である。

道場で剣道をやっている時は姿勢態度も立派であり、気力も充実し礼法も正しいが、一旦道場も出ればば姿勢は崩れ、礼法は乱れてまるで別人の如く振る舞うやり方は余りにも道を忘れたやり方であり、いささか幻滅である。道場外に於ても剣道をやる時の心境と何等変りなく、態度も礼法も一致してこそ道を学ぶ者の心構えというべきであろう。結局武蔵の言わんとすることは剣道も人生も全く一体的なものであり、これを二つにしてはならないという訓えであり、そうなってこそ剣道修行の価値があり、剣道による人間形成も又可能であろう。

・私は社会から絶縁された道場教育はゼロだと思っているし、道場と人生とは全くの地続きであり、そこに境界や段差があってはならないと堅く信じている。それが「兵法常住の身、常住兵法の身」の実践であり、本当の意味の剣道の生活化であると思う。

お茶や生花を習う人が襖《ふすま》の開けたてから畳の上の歩き方まで厳しくしつけられ、畳一枚歩くにも、その足どりは七足半で、小縁《こへり》小縁も踏まぬようにと教わりながら、一人になれば白足袋の先で襖をあけ、坐り方でも「水に沈むが如く坐り、煙の立つが如く立て」(小笠原流)と教わりながら人目のない所ではどたりと横坐りになり、足を投げ出すやり方が仮りにあったとしたならば、それは茶道華法の常住の法に反するのではあるまいか。武蔵流に言えば習いこそ「常住の身」であり、生活の実践であろう。心すべき修行者の心構えではないかと思う。

足づかひの事

「足のはこびやうの事、つまさきを少しうけて、きびすをつよく踏むべし。足つかひは、ことによりて大小遅速はありとも、常にあゆむがごとし。足に飛足、浮足、ふみすゆる足とて、是三ツのきらふ足也」

武蔵

武蔵は以上のように足の使い方で悪いのは浮足、飛足、踏みすゆる足の三つをあげているが、これは現代剣道においても最も嫌う足であり、剣理に反し、身体をいためる不法の足づかいである。

「浮足」は突っぱり足で重心が安定せず、躰全体がうわついていることで、言うなれば足がしっかりと板についていない状態である。

「飛足」は飛び上がって打つ足で、飛び上がれば重心が上がり、躰全体が不安定になり着地の時にはドシンと「踏みすゆる足」になって足腰への衝撃が強く次の動作が円滑にできにくい。更に躰が浮いているために肝心の応じ技が出来ない。これは現代剣道の欠陥であり大きな致命傷である。

昔から剣道では「足の裏を見せるな」というのが鉄則である。突っ張り足で踵《かかと》を上げて足の裏がまる見えになる状態もいけないし、飛足、はね足で足の裏をそっくり見せる蹴《け》り方も落第である。

剣道の足はすべてすり足であり「足は能の如く、水鳥の如く」と言われるように辷《すべ》るが如く移動するのが理想である。

武蔵は「指先を少し浮けて、きびすを強く踏め」と教えている。現代剣道の突っ張り足とは全く反対のことを言っているし、きびすを強く踏めということにもいささか抵抗を感ずる人も多いであろう。

ところが実際にきびすを強く踏み、指先を少し浮かし、武蔵の言う如く膝を少しゆるめて僅かのゆとりを持たせれば体の重心が膝頭にかかり、その膝頭の重心が蹠骨部《しょこつぶ》に下りて実に快適な攻撃体勢になる。

最近「湧泉運動」とか「足心の歩」とかいうことが健康増進の決め手だとやかましく言われているが、湧泉は人体の精気の発する所であり、ここを充分に使うことが健康長寿の秘訣だと学問的にも論断されている。

従来、爪先ばかりでやっていた人が急に湧泉の踏切りをやれば不自由には違いないが、長い将来の剣道生活を思えば、剣理にも反し身体をも損傷する今の突っ張り足は即時撤廃しなければならない。それが剣道人の幸福を招来し、更に剣道を永遠ならしめるゆえんだからである。

剣道の運足は現代流に言えば「重心の平行移動」であり、打突は「身体の並進運動」で行われる。だから飛んだり跳ねたりするようなやり方は運動の原則からもはずれ、身体を損傷し、見た目にも見苦しい邪剣であることが誰にも納得出来るであろう。

ところが最近の剣道はただ勝たんがためにスピードと直進運動だけにたより、浮足、飛足、踏みすゆる足の連続である。これではいくら若くて元気な人でも踵をいため足腰をやられるのはこれ又当然の帰結であろう。

特に女子の場合は筋肉が弱いため膝や腰をいためる率が高いが、これでは何のために剣道をやっているのか分からない。健康美の形成のためにやる剣道が美を損傷して足を引きずるような結果になるならば、剣道など始めからやらない方がましである。こんな深刻な悩みをただ傍観し、学生生徒の健康を犠牲にしてよいものであろうか。剣道指導者のひとしく反省し直ちに矯正すべき教育上の大問題である。

更に武蔵は「陰陽の足」ということをやかましく言っているが、これは片足だけ出してあとの片足が残るようなことではいけないということで、右足を出したら必ず左足もこれに伴い、常に体の安定を保ち打突を完璧にせよとの教えである。平素の稽古を見ても初心者ほど片足稽古で右足だけをばたつかせているが、これこそ俗に言う「馬の足稽古」のたぐいであり、右足だけいくら高く上げても左足が残っているので体は一向に前進しないし打突も決まらない。

剣道の足は右足から高く飛びこむのでなくて、左足を軸にして腰を前に突き出すのである。そうすれば武蔵の言うように常に陰陽の足となり、辷りも滑らかになり上下動もなく、打突も的確にきめること

蹴り足
踏み切ったとき後ろにぴんとはねて足の裏がまる見えになるのも落第である。

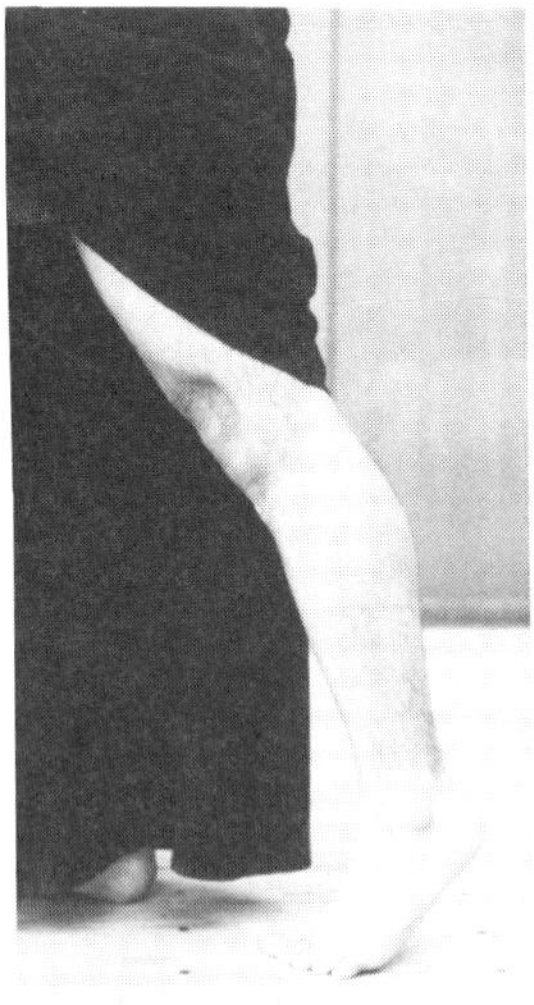

突っ張り足
前足をべったり床につけ、あと足を強く突っ張って余裕がない。

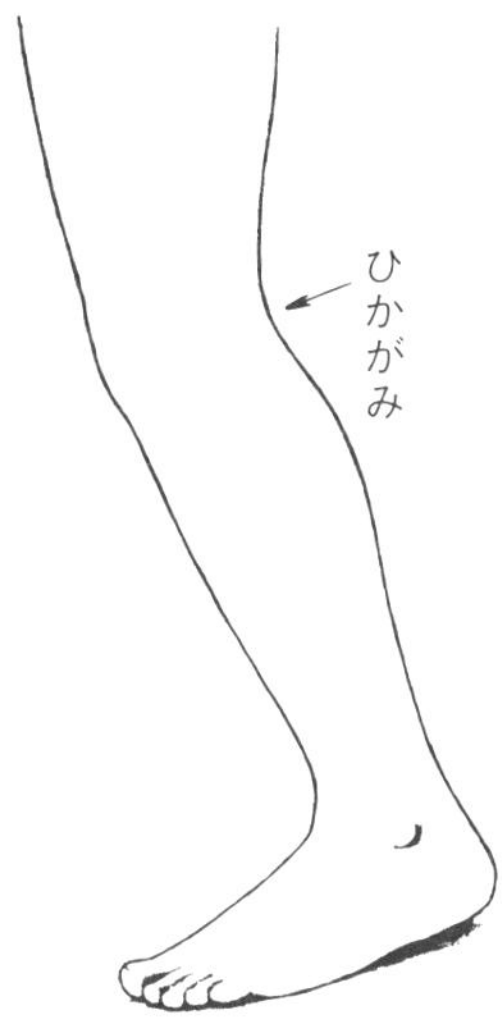

正しい足の踏み方
ひかがみ（矢印）にわずかに余裕をもたせることが大事である。

剣道の基本である操刀の法と運足の法が間違ってしまったことにより、一文字開きという、面も小手も胴もすべて一緒に防ごうとする卑劣で醜悪なやり方が横行している。

が出来る。

小さいことのようで実は打突の決め手になる大事なことであり、常日頃から心して修錬すべきことがらであろう。

（展開一）見取り稽古

剣道には昔から「一眼、二足、三胆、四力」の訓えがある。

一は眼力であり、相手のすべてを洞察する力。次は足に関することで打突運足の法である。三が胆力。四が力（技）で、我々が一番大事だと思う技術は四番目にランクされている。

いかに足の使い方が大事であるかを教えたものであるが、現在はただ打った突いたの現象だけに眩惑されて、その根本をなす足の踏み方や使い方などどうでもよいという感じである。だから今日のように第一線の選手までが突っ張り足の下郎技になり、何だか美も風格もない外道に落ちているような気がしてならない。現在では凡ゆるスポーツ、芸能に至るまでその極致は足腰だと言われるくらい足は大事であるが、今の剣道人は足に対する関心もなければ研究も足りない。

昔の人は一面の稽古を見学するにも「技を見ないで足を見よ」と見とり稽古の要諦を教えているが、これについて面白い話がある。

尾張大納言の大寄せの時に千葉栄次郎は柳剛流の剣士吉田玄竜斎に完膚なきまでに打ちこまれた。

次に桃井春蔵が柳剛流の同じ吉田玄竜斎とやり、今度は桃井が逆に柳剛流を打ちこんでしまった。千葉栄次郎は天才剣士と言われ、誰にも負けたことのない北辰一刀流の達人であったが、足を切る柳剛流には思いもかけぬ不覚をとつてしまった。そこで栄次郎は桃井のやり方を頭を床にすりつけて足の運びだけを喰い入るように見学していたが、さすがは千葉栄次郎である。一試合を見学しただけで足の抜き方、出し方などその秘法をつぶさに感得することが出来た。

そこで「後学のためもう一度御指導頂きたい」とお願いし、今度は栄次郎が散々に柳剛流を打ちのめしたという実話が残っている。

ここでその技の内容を説明する紙幅はないが、この簡単な話の中に剣道の至理を含んだ多くの教育がある。

先ず栄次郎が「技」を見ないで「足」を見たこと。更に見取った技を何の躊躇もなく即時に断行したことなど、教えられることは多い。

現代剣道においても何の気負いもなくポクリと打つ古老の名人技の足が、その前に果してどんな働きをしていたかをとくと見定める必要があろう。

剣道の「見取り稽古」というものは手を見ないで足を見るものだということを知っておかねばならない。

（展開）歩行

日本の男は肩で歩き、日本の女は臀で歩くとよく言われるが、それは重心が安定せず移動の度に横振れをするからである。

もう十年も前にある新聞に「美しい歩き方」という記事が載っていた。それを読むと理想の歩き方というのは剣道運足の法と全く同一である。

一ツは重心の上下動や横振りはいけない。

二ツには一つのラインの上を正しく進むように真直ぐに歩く。

三ツにはリズミカルに歩く。

まさしくその通りであり、日本の諺にも「人は背丈《せたけ》で歩け」ということがある。背丈で歩くというのは重心の上下動をしないことで、地面に対して平行移動をせよということである。中国には「雀行虎行」の訓えがある。雀のようにピョンピョン歩きをしないで、虎のように重心を落着けて重厚に歩けということである。

女性はハイヒールをはいて軽快に歩くが、このハイヒールは女性美を生む生活の知恵であろう。ハイヒールをはけば基底面が小さくなるからどうしても重心を安定させなければならない。そのためには背骨を伸ばして姿勢を正しくしなければならないし、その正しい姿勢が颯爽《さつそう》たる歩行につながるのであろう。

日本女性の中には、せっかくハイヒールをはきながら肝心のかかとを踏みくだいて横ばきになっている人を時々見受けるが、これは姿勢が悪く重心のかけ方を間違えているからである。

剣道でもその足の使い方を見るために、昔はよく「下駄を持って来い」と言われたそうである。「下駄の片べり心の歪み」で下駄が片べりするようでは足の使い方が悪い証拠であり、そんなことでは剣道の修行はまだまだという現実的教えであろう。

私もよく見れば靴は踵《かかと》の外側がへっているが、これも今にして思えば「湧泉の歩」ができていなかった何よりの証拠である。

昔から教えられるように「歩々これ道場」であり、一歩一歩の歩きにも修行があり反省がなければならない。

今私は宮本武蔵の「腰を割って胸を張れ」という教えを常に心がけて歩いている。「腰を割る」とは腰骨をしゃんと伸ばして両方の腰を腰骨で引き割ることで、そうすれば気持のよいほど背筋が伸びていく。そして胸を十分に張れば実にすがすがしい姿勢になり、この姿勢で竹刀を持てば、そのまま素晴しい中段の構えとなる。私のような老骨は次第に躰がしぼんで、いつの間にか背中が丸くなり腰が曲がってくる。年のせいだと言えばそれまでであるが、これは絶えず修正していかなければ本当のじいさんになってしまう。

世に言う「後ろ姿に年が出る」というやつで、前から見れば元気そうでも後ろから見れば年相応の衰えが表われて来る。

だからいつでも武蔵流の心構えで日常生活を送らなければならないと思っている。

剣道界で道場の構えを堅持して歩行の姿のいいのは持田先生と野間寅雄さんであった。

持田先生は別に気取って歩いておられるわけではないが、道場における稽古姿が身について、どこに行ってもどこを歩いてもいささかの乱れもなく崩れもなかった。

かつて持田先生が九段下を歩いておられた時に、誰か有名な芸能人が車をとめて暫《しば》し先生の歩かれる後ろ姿に見とれたという話もあり、また講談社の稲田さんという方は毎朝窓をあけて妙義道場に行かれる持田先生の後ろ姿を拝して勉強したとも私に語られた。

先生の歩かれる姿にはたくまずして人を魅する崇高さがあったのである。

更に野間寅雄さんは剣道も天才であったが、それだけに又足捌《さば》きも実に天下一品の素晴しさがあった。

私は終戦後アメリカに行った時、寅雄さんの話が出て「日本にもあんな歩き方の上手な人がいるのか」とアメリカ人がびっくりしていますよということを聞き、私の方がびっくりしたことがある。日本では歩き方の上手下手など言う人もいないし、どんな格好でも自分の足で歩けばいいじゃあないかという観念である。然し心ある人は姿の中に美を求め、歩行の中にマナーを追求して常に態度を崩さず、いつもリズミカルに歩くように心がけているような気がする。

寅雄さんの素晴しい歩行も元をただせば道場から生まれたものであろうし、武蔵の言う「常住兵法の身」の具現化というべきものであろう。その他私は京都の禅寺で朝早く托鉢《たくはつ》に出る雲水の姿に心ひかれたことがある。

朝霧の中に饅頭笠《まんじゆうがさ》を冠《かぶ》った行者の列が続き、まるで饅頭笠が一列に流れて来るような錯覚を覚えた。座禅で鍛え抜いた腰の座が堅確で、いささかの狂いもない証拠であろう。

人生も歩行が基礎であり、剣道も又足捌きが基本である。そこに一脈相通ずる底流があり、その心の接点を大事にしていくことが人生を幸福にし、剣道を更に豊かにするゆえんであろう。

太刀の道と云ふこと

「太刀の道を知ると云ふは、常に我がさす刀を指二本にて振る時、道筋よく知りては自由に振るものなり。太刀を早く振らんとするによつて、太刀の道をさからひて振り難し、太刀は振りよき程に静かに振る心なり」

武蔵

これだけ読んでも分かりにくい人もあろうし、納得のいかない人も多いであろう。

然しこの一句こそ太刀の道の真髄を教えたものであり、現代の竹刀打ち剣道にも通ずる打突の原理である。同じ「太刀の道」を柳生流では「直刀《じきとう》」と言い、中条流では「太刀行き」と教えているが、その説く所は全く同一である。これを現代流に分かり易く言えば、太刀の性《さが》に逆らってはいけない。無理に早く振ろうとしてもいけない。指二本にて静かに振れば太刀は自分の力で自由に動くように、相手を打つ時も脱力して打ち、太刀の性《さが》に逆らわなければ、太刀は自分の力で切る能力を充分に発揮出来るということである。

柳生流で「直刀」というのは、切る物体に対して刀の刃が直角にあたることで、少しでも左右の手の力が不当に加わったら刃はどちらかにそれて決して直角にはあたらない。物体に直角に作用するためには全部脱力して絶対に太刀の性《さが》に逆らってはならないということである。柳生十兵衛もこの「直刀」を覚えるまでに丸三年かかったと書いている。

又『常静子剣談』には「打つ手のうちを言はば、柄の向ふへ抜け出るを、あたる時に握り留める心なり」と書かれているし、小田切一雲は「太刀を引き上げて落すばかりなり」といずれも脱力の重要性を強調し、相手を打つのでなしに、ただ太刀を振り落すものだと玄妙至極の手のうちを教えている。

昔から刀を数えるのに一本二本と言わないで一振り二振りと言うのはそういう意味だと教えられた。

現代剣道にも「ほりこみ面」「ほりこみ小手」の名称があるが、これは表現は悪いが内容は実に素晴しい。相手を打つ時は竹刀をほりこむようにして決して無駄力を入れるなということであり、沢庵も『不動智』の中に「太刀をば相手にぶつつけよ。打つても心なとめそ、一切打つ手を忘れて打て」と書いているが、その究極の打ち方は古人の訓えも現代剣道の原理も全く同一であり何等変るところはない。

私がなぜこんな分かり切ったことをくどくどと書いたかと言えば、現代剣道の打突はこうした剣の原理原則から遠くはなれ、これとは全く逆行したやり方をしているからである。

現在、初心者に面の打ち方を指導する時は、面に当ったら「止めよ」「しめよ」「絞《しぼ》りこめ」と教えている。そして「茶巾《ちゃきん》絞り」と「手拭《てぬぐい》絞り」とを混同して、打ったら手拭を絞るように両手で絞りこめと教えている。

ちょっと考えただけでもこんな不合理なやり方はないし、こんな滑稽な指導法はないだろうと思う。

山岡鉄舟は「面を打ったら臍《へそ》まで切り下げろ」と教えているし、示現流では「地軸まで切り裂け」と指導する。勿論、切る精神はそうだけれども相手は面を冠《かぶ》っているし、竹刀では切れないから面上で竹刀はとまるのである。

面を打って「止まる」のと自分の力で「止める」のとでは天地の相違があり、「止める」というやり方は剣道では絶対禁物である。私が古流の「太刀行き」などをさまざまに書いたのは、この打突の原理を知って頂きたいためであった。

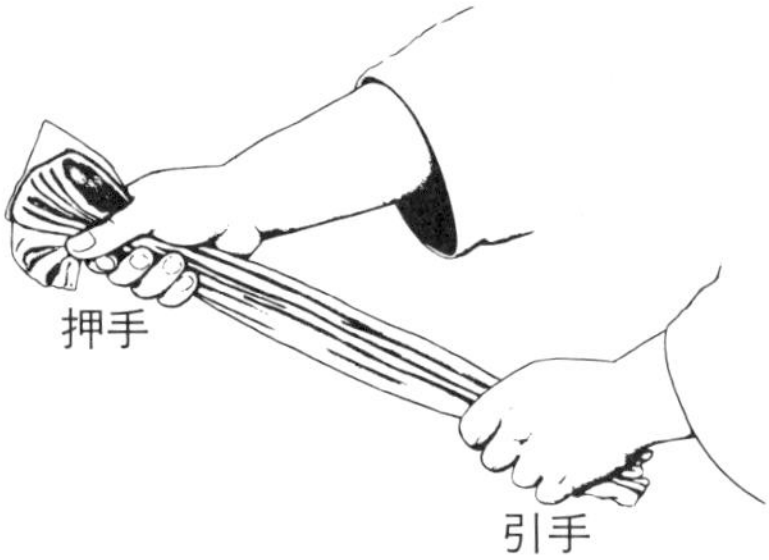

茶巾絞り
薄い布巾を左手の小指で引き、右手の小指でわずかに絞りこむような気持で押すことである。

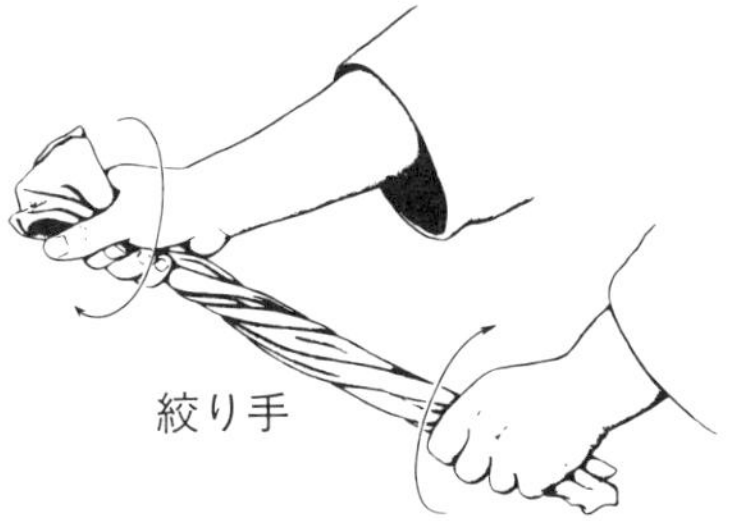

手拭絞り
右手、左手を反対方向に動かして絞る。これは右手、左手の力がプラス、マイナス、ゼロになり、剣尖には何らの力も加わらない。しかも右手、左手の親指と人さし指が絞りの中心となって無駄力が入り、最も悪い硬直の手となる。茶巾絞りと手拭絞りは似て非なるものであり、決して混同してはならない。

野球でもゴルフでも球にあたる瞬間が一番スピードが乗る時で、ここで止めたり、しめたりしたら絶対にホームランにはならない。

野球でもゴルフでもバットやクラブを振り切れと教えている。球を打ってしめるのではなしにバットを振り切れというのは、バットの最高スピードにブレーキをかけるなということである。

剣道を多年やられた先生でも「稽古がかたい」と言われるのは「止めよ」「しめよ」の指導ばかりで、力を抜いて打つ方法を体得していないからである。これは剣道指導上の大問題であり、四段五段の高段者になってもまだ素振りと称して「空間打突」ばかりやっているのは、ますます技が硬直して腕にも太刀にも伸びのない堅い稽古になる要因を作っているようなものである。

「振る」ということと「打つ」ということは似て非なるものであり、いささかその目的のニュアンスが異っている。

竹刀を「振る」ということは、竹刀の一端を持って他の一端を動かすことで、これには力はいらない。「打つ」ということは、竹刀を持って他の物体に強い衝撃を与えることで、「振る」ということとは意味が異っている。

現在、「素振り」と称してやっていることは一種の空間打突であり、「素振り」ではなくて「素打ち」である。だから剣道の基本をやらせる時は空間打突でなしに、実際に打込み棒などを打たせるか、そうでなければ竹刀を空間で止めないで極限まで振り下すことが肝要である。

その辺の呼吸をよくのみ込んで貰わないと、労して功なきばかりか却って悪癖を作る結果ともなろう。

昔、武徳会の古い先生方は毎朝、裏の吉田山に登って重い木刀を振り、人が三百回振れば自分は五百回と回数をふやし、遂には「吉田山の三千棒」と言われるくらいまで鍛錬に鍛錬を積まれたそうである。

ところがそうして鍛錬された先生方は皆、肩いからせて右手の堅い稽古が多く柔か味がなかった。それは明らかに空間打突のなせる弊害であり大きな後遺症である。

そこで私は一度、持田先生にお尋ねしたことがある。「先生も若い時には吉田山の三千棒で鍛えられましたか」と言ったら先生は手を横に振って「一度もやったことはありません」と即座にお答え頂いてホッとしたことがある。もし持田先生もそんな鍛錬をされていたとしたら、空間打突に対する私の信念が根底から崩れるからである。

この章では武蔵の「太刀の道」から吉田山の三千棒まで発展したが、現代剣道が本当の「太刀の道」を忘れて空間打突に類する無理打ちばかりが横行し、精神的にも技術的にも誤った路線を走っていることについて心配の余り冗長の駄文を書いたのである。

世の指導者たる者、敢えて現実と理想とを照合し、強く反省し、厳しく検討して一日も早く剣の正道

空間打突
現在「素振り」と称してやっていることは一種の空間打突であり、「素振り」ではなくて「素打ち」である。こんなことばかりやっていると、ますます技が硬直して腕にも太刀にも伸びのない堅い稽古になる。（このやり方は出来るだけ短期間でやめるべきである）

素振り
剣道の基本をやらせるときは「空間打突」でなしに、実際に打込み棒などを打たせるか、あるいは竹刀を空間で止めないで極限まで振り下すことが肝要である。

に還って頂くことを衷心より希求するものである。

小の兵法と大の兵法　武蔵

武蔵は兵法を「小の兵法」と「大の兵法」の二つに分けているが、「小の兵法」とは一対一の剣道を言い、「大の兵法」とは大勢をもってする軍機軍略の戦闘を意味している。然し武蔵は「小の兵法」の理をもってすれば「大の兵法」も皆同じだと言い、その根本の理に変りはないと断じている。柳生流でも全く同じ考え方であり、更に柳生流では「兵法の道」をもってすれば政治も教育も皆同じだとその思想領域を更に拡大して考えている。ここでは軍略兵学を論ずる必要はないので兵法の理をもってする教育の真髄にふれてみたいと思う。

師は針にして弟子は糸　武蔵

これは現代的に言えば「率先垂範」ということであり、先生が先ず先頭に立って、その模範を示せということである。物に例えるならば先生は〝針〟であり、生徒は〝糸〟である。だから先生は先導者として多くの子弟を導いて行く責任があり、そのためには師の行く道に誤りがあってはならないし、その言動にいささかの不信があってもならないという武蔵の戒めである。

昔は「子弟同行」の言葉があり、弟子は師に学び、師も又弟子に学び、倶学倶進の修行であったが、最近はその精神が薄れ、針と糸との関係が次第にたるんで来たことはまことに残念の極みである。

剣道は目から入る教育であり、目からの教育が一番早く、しかも一番鮮烈である。

だから先生の一挙一動はすべて生徒の目にうつり、その一言一行はことごとく生徒の魂に焼きついていく。だから指導者としては、こうした目からの教育のきびしさを自覚し、自分の言動を律すると共にその責任のすべてを自ら負う覚悟がなければならない。

弟子は師の鏡であり、弟子の姿や行動を見て自らの心のありかを反省し、常に率先垂範の実をあげる努力を忘れてはならない。

「師厳にして道貴し」と言われるように師匠自らが厳正であり高い教育信念を堅持してこそ教育の成果が上がり、「教育は国の大本なり」という大使命の達成も又可能であろう。

柳生但馬守は「我は将軍の師にして家臣に非ず」と言い、将軍に対して「入門の誓書」を出させたくらいである。この大信念こそ教育の根源であり、師としての権威と責任とを厳然と表明したものというべきであろう。

最近の世相の混乱は、教育が忘却され、肝心の教育者がその信念と目標とを見失っていることに起因している。

武蔵の「師は針にして弟子は糸」ということは極めて素朴な表現であるが、一皮むけばその内容は広く、その含蓄は深い。

剣道指導者たる者すべからく鋭利な針となって堅きを貫《つらぬ》き、あとに続く一連の糸の流れに喜びと安らぎとを与えなければならない。

日本剣道はその丹誠の針の目から生長し、師匠の一針一針の努力によって更に発展し、更に向上していくであろう。

水の巻

水は源より発し、細流を集めて大となし、日夜休むことなく流動して大海に注ぐものである。剣技も又日夜の鍛錬によって大をなし、その玄妙を窮めるものである。

武蔵はこの巻において心身両面からの鍛錬のあとを探《たず》ね、術より道に入り、更に気海にそそぐ過程を実に克明に説いている。

「兵法心持の事」に始まり、技術の要所要所をくまなく探求し、分かり易く解明しているところに価値があり、人生につながる教訓がある。

私も又この章において武蔵流の剣法と現代剣道の剣理的原点の一致を探ね、現代の竹刀打ち剣道の中に武蔵の真剣勝負の利をいかに生かすべきかを考究してみたいと思う。

兵法心持の事

「兵法の道において、心の持ちやうは常の心に替る事なかれ。常にも、兵法の時にも、少しも変らずして、心を広く直にして、きつく引つぱらず、少もたるまず、心の片よらぬやうに心をまん中におきて、心を静かにゆるがせて、其のゆるぎのせつなも、ゆるぎやまぬやうに能々吟味あるべし」

武蔵

武蔵はこの中で、戦闘の時も平時の時も、その心の持ち方に変りがあってはならないと説いている。これを現代的に言うならば、試合の時も平常稽古の時も、更には日常生活に於てもその心境に変りがあってはならないということである。

そして心は広く持ち、きつく緊張もせず、たるみもせず、心を常に中正に保ち、心を静かに微動させながら、その微気発動の中にも油断なく対応せよと教えている。

そしてここに〝静中動あり〟、〝動中静あり〟の原理を説いている。

これは剣道試合の心理と同時に学生の入学試験や就職試験に於ても全く同様であり、大事の時も平時の時も心にいささかの動揺変化があってはならないということである。

この心域にまで到達することは容易なことではあるまいが、平素の稽古や試合の場に於てこの究極の心を鍛え、平常心を体得することが剣道修行の大事な目的であろう。

兵法身なりの事
太刀の持ちやうの事

武蔵

これは言うなれば現代剣道の姿勢態度・構え等の内容であり、武蔵の言うところは大筋に於て現代剣道の指導法と酷似しているし、取り立てて論評する必要はあるまい。従って武蔵の所論を基調とし、現代剣道の基本をこれと照合しながらその揆を一にする所を考えてみたいと思う。

武蔵は太刀を持った時に「手のうちにゆるみがあってはならない」と書いているが、ここが大事な所であり「竹刀をゆるく持て」「楽に持て」という薬が利きすぎて、最近では右手の指をはなし、ただ指先で引っかけて持っている人があるが、これは不正な持ち方であり、瞬間的攻防に間に合わない。

武蔵の言うように「親指と人差し指は浮かす心持で、中指は締めずゆるめず」のやり方が現代剣道にも適用する理想のやり方である。

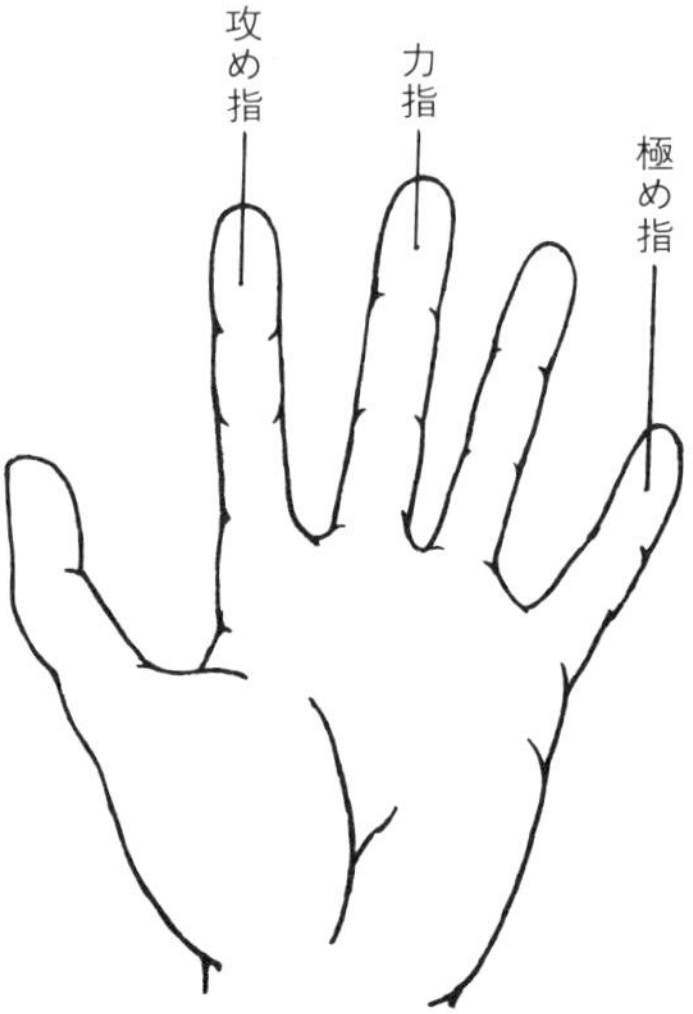

打つ時には攻め指で始動し、極め指でしめて冴えを出す。力指はどちらにも作用し攻防の中心になる。この指の緊張弛緩や手首の作用がうまく調和して打突の冴えが出る。

その他武蔵は元手（左手）、副え手（右手）の原理や攻め指などの指の作用については言及していないが、現在の竹刀打ち剣道では、これらの点が重要な役割を果たすものであり、「押し手」、「引き手」のことや手の裡《うち》の作用などは綿密に研究体得して貰わなければならない。その手の裡から「冴え」が生まれ、それが有効打突に直接につながっていくからである。

三ツの先と云事

「三ツの先と云は、一ツは、我敵の方へかゝりての先なり。ニツには、敵我方へかゝる時の先なり。又三ツには、我も懸《かか》り、敵も懸る時の先。是《これ》三ツの先なり。我かゝる時の先は、身は懸る身にして足と心を中に残し、たるまず、はらず、敵の心を動かす。是懸の先なり。又敵懸り来る時の先は、我身に心なくして、程近き時、心をはなし、敵の動きに随《したが》い、その儘《まま》先になるべし。又互に懸り合時、我身をつよく、ろくにして、太刀にてなり共、身にて成共、足にて成共、心にて成共、先になるべし。先を取事《とること》肝要也《なり》」　武蔵

この三ツの先は他流においても大同小異の感覚であり、柳生流では「仕かけの先」「受けの先」「一体の先」と表現しているが、内容は武蔵と全く同一のように感じられる。日本剣道形の「先」は精神的側面から説かれているので分かりずらいし、却って武蔵の表現の方が具体的で一番分かり易い。

その他の流儀には二ツの先から七ツの先まで分類したのもあるが、「匂いの先」とか「眼光の先」とかいうことは余りにも専門的でここで言及する必要はあるまい。

武蔵の言う〝懸りの先〟は「身は懸る身にして、足と心を中に残し、たるまず、はらず敵の心を動かす」と表現しているが、この一条こそ更に真剣に検討し、正確に理解しなければならない大事な先の核心である。

現在の一般的解釈は、とにかく先《さき》に打って行くのが「先」だと心得ている。然し武蔵の言う内容や他流で強調する「先」は、ただやみくもに打って出るばかりが「先」ではないと教えている。「待の先」もあり「体々の先」もあり、こうした奥深い「先」の精神をよく理解し、一方に偏することなく、技の真髄と先の理合をよく会得し誤りなく修行することが最も肝要なことであろう。

(展開一) 高柳又四郎の〝音なしの剣〟

中西門下の三羽がらすと言われた高柳又四郎は「音なしの剣」で有名であるが、彼は竹刀でガチガチ打ち合うことなく、相手の出端《でばな》をサッと打って絶対に竹刀の音をさせなかった。そのため世間ではこれを高柳の「音なしの構え」或いは「音なしの剣」と言ったが、彼は決して自分から打って行くことはせず、ただジリジリと気攻め、位攻めで追いつめ、相手が苦しくなって打って出てくる所をサッと打って音もなく恬然《てんぜん》としていたという。

これが「先」の尤《ゆう》なるものであり、武蔵の言う「たるまず、はらず相手の心を動かす」という「先」の醍醐味であろう。

又これと全く似かよった話がある。昭和十五年の天覧試合優勝者、故増田真助範士は剣道の達人であり、特に小手技がうまく、〝小手増〟と言われたくらいである。ある時、講談社の朝稽古のあとで、ある先生が「増田先生は全くずるいや。こちらに打たせるばかりで、自分は何もしないで出て行く所をポンと打たれるから全くいやになっちまう」と冗談まじりに言われた。そしたら増田範士が「君達はそんなことだからいつまでたっても剣道が本物にならないんだ。君達が打ってくるように仕向けるまでに僕がどれだけ苦労しているか君達には全然分かっていないのだろう。そんなことだから何年たっても、足踏み稽古で上達しないんだ」と笑いながら話されたが、これは「攻め」の大事さを教えられたものとして私は今でも忘れることが出来ない。

増田範士の小手も全く「音なしの剣」であり、高柳又四郎の剣風も又こうであったろうかと秘かにその光彩陸離たる技前を想像している。

（展開二）升田と大山

升田幸三と大山康晴は同門のライバルであり、いずれも一世を風靡した稀代の名人であった。そして「升田は攻め将棋」「大山は守りの将棋」として定評があったし、私共もあの風貌と性格から当然そうであろうと想像していた。ところが升田名人の話は全く逆であった。世間の人は皆んな升田の「攻め将棋」と言うが事実は全く反対で、攻めは大山、守りは升田である。ということは、自分は大山に攻め立てられて苦しまぎれに攻めに出ているだけで、傍《はた》で見る目と当事者の心境とでは大違いである、と何かに書いておられた。

私はこれを読んだ時に、高柳の「音なしの剣」を想像して、勝負の究極は剣道も将棋もまさに同じだし、更に人生の競争も全くこれと同じ心理であろうと思った。

剣道では実力伯仲ならば先《さき》に手を出した方が負けだと言われるが、先に打ちに出るものは打ち急ぎで、先に自分の方から隙を作るからである。仮そめの打ちを出す前に「気攻め」の大事さを忘れているのではないかということである。

最近の試合はただ動物的な勘とスピードだけで勝負をやろうとするが、これは剣道の本質が分かっていないからである。

「先」の精神が奈辺に存しているかをとくと勉強しなければならないし、そこから剣の深さが又ほぐれていくであろう。

武蔵も「早きこと誠の道に非《あら》ず」として理のない剣道を戒《いまし》めているが、攻めの気と打つべき理を辨《わきま》えてやるのが剣道であり、徒《いたず》らに勝ちを急ぎ速きを競う最近のやり方は深く反省し厳に戒めなければならない。

残心

相手を打突したあとも気勢をゆるめず、事後の変に応ずる心構えを剣道では「残心」と言う。「残心」は又「暫心」と言う流儀もある。

「残心を残す心と思ふなよ、打つた気力を暫《しば》しその儘《まま》」。なる程その通りであり、心を残そうとすれば、それは剣道で一番嫌う「止心」となる。コップの水を思い切り捨て切れば、そこに一滴の水が残ると同様に、相手を打つ時に全心全霊を以て打ち切れば、気の一滴が自然に残る。それが本番の「残心」だと教えられている。結局、相手を打ったら、打ちっ放しや無用の引揚げなど、道に反することはやるべきではないという戒めである。

そしてこれは日常生活にもつながる人生で一番大事な心の持ち方である。

(展開一) 武士のたしなみ

昔の武士は戦陣に臨む時、兜《かぶと》に香をたきこめ、口紅をつけて出陣したと伝えられているが、それはおしゃれでなくて、武士のたしなみであった。

武士は出陣すれば死は覚悟の前であり、死んで醜を天下にさらすべきでないという心境であり、死すれば顔色が土色になり死臭が出る。その時、香によって死臭を消し、頬紅口紅によって、いくらかでも顔色の汚醜を防ごうとする武士の清廉の気の表われであった。

更に武士は死んだあとに人に迷惑をかけてはならないと、常にいくばくかの金子《きんす》を肌にくくりつけていた。これを「武士の肌つき金」と呼んだそうであるが、これこそ武士の天晴れなたしなみであり、死後に托する武士の残心とも言うべきものであろう。

昔の武士は先陣を貴び、一番槍を誇りとしたが、又一方では、死後に恥を残すまいとする潔《いさぎよ》い廉恥の精神にも富んでいた。

こうした高潔なる精神こそ天下万民の心の鏡であり、誇るべき武人の残心と言うべきであろう。

先と残心の展開　　諸流

「先」と「残心」とは両極端のようであって、実は一環の輪であり極めて密接な関係にある。

「先んずれば人を制す」と言う積極的精神で、人より早く仕事をてきぱきとかたづけてこそ初めて正しい残心がとれるし、正しい残心がとれてこそ又次の仕事の「先」がスムーズに運ぶのである。

今、道場教育のイロハは下足の整頓から始まるが、道場に入る時にきちんと下足を揃えておけば、心も整頓され次に道場を出る時も又楽である。

稽古後に道場を清掃し、道具を整頓し、更に竹刀の手入れなどを入念にやっておけば、翌日の稽古になんら支障を来たすことがない。

私の近くにビルが建つ時「今日の整頓、あしたの能率」と大書してあったが、今日の仕事を終わって、あとかたづけをきちんとしておけば、あしたの仕事がうまくはかどるということで、これもやっぱり「先」と「残心」の関係である。

大工さんが仕事が終わってから鋸《のこぎり》の刃を立て、鉋《かんな》をよくといで後始末をちゃんとしておけば、明日の仕事の能率は更に倍加するということで、仕事に及ぼす残心の余徳と言うべきであろう。

道場教育のイロハは下足の整頓から始まるが、道場に入る時にきちんと下足を揃えておけば、心も整頓され、次に道場を出るときもまた楽である。

(展開二) 日本海軍

昔の日本海軍は世界一強かったが、強い原因はやっぱり「先」と「残心」の心がけにあったようである。海軍には「五分前精神」というのがあり、どんなことでも五分前には準備完了の「先」の精神があった。更に海軍の船が港に入れば、必ず船を回して舳《へさき》を海洋の方に向け、諸般の準備を完了して、いつでも出港出来る態勢を整えていた。「先」につながる「残心」の精神である。

又海軍には〝五省〟という日々の達成目標があり、寝る前には必ずこの〝五省〟を反芻《すう》し、今日の反省の上に立って明日の正しい勤務を誓った。

「先」と「残心」との連動であり、このラジカルな艦隊勤務が日本海軍を強くしたのである。

海軍の〝五省〟は我々日本人一人一人の貴い五省であり、日常生活の心の糧《かて》として改めてここで皆んなで斉唱してみたいと思う。

一、至誠にもとるなかりしか。

一、言行に恥づるなかりしか。

一、気力に欠くるなかりしか。

一、努力に憾《うら》みなかりしか。

一、不精にわたるなかりしか。

いずれの一つをとっても我が心魂を打ち、心のはげみにならないものはない。

これは軍人や剣道人ばかりでなく、政治家にも教育家にも、更には家庭のお母さん方にも絶対に必要な生活の条件であり、この反省の上に立って行動すれば必ず麗《うるわ》しい家庭が築かれ、素晴しい人生が開かれ、そして明るい日本の朝《あした》が来るであろう。

(展開三) 世間雑話

剣道の「残心」は、日常生活で言う後始末であり、何をやってもやりっ放しやあけっ放しはいけないということである。

日本では古くから襖《ふすま》のしめ方の悪いことを「阿呆の一寸、のろまの二寸、馬鹿の明けっ放し」と言っているが、今は若い女の子でもこの明けっぱなしが多い。残心と教養のない証拠であろうが、これとは逆に女の人が両膝ついて襖をあけ、又坐って両手でしめて行く後ろ姿を見ると、何となくほのぼのとしたものを感じさせられる。

私の地方では「出針を使うな」という女の戒めがある。主人が家を出る前になって、あわててほころびを縫ったり、ボタンをつけたりすることは女の恥であり、そういうことは前もってちゃんとやっておくべきだということで、言わずして残心の大事さを教えている。

「良農の鍬《くわ》は常に光る」ということは、良農の「残心」の光であり、「川越して宿とれ」という訓《おし》えは「先」の精神の貴さを教えたものである。あした楽に越せると思う川でも、今日渡っておけば安心であり間違いもない。

「あすありと思う心の仇《あだ》桜」で、一夜のうちに洪水があるかもしれないし「川止め」になるかもしれない。

出来ることは何でも「先」の精神でかたづけておくことが武人の習わしであり、現代人の心がけでもあろう。

「今日の一針あしたの十針」で、今日やっておけば何でもないことが、あしたになれば十倍の苦労を要することにもなる。心すべき日常の処世訓である。

残心の大事なことは剣道ばかりでなく、体操競技やダイビング、或いはスキーのジャンプ競技など美を求めるスポーツは皆最後の一瞬にすべてを賭けている。着地の瞬間に完全なる姿勢がとれなかったら、それは大いなるマイナスであり、致命的減点である。

美しい「残心」がとれないことは日頃の研究と錬磨が足りないからであり、すべて物事は思いをそこまで致さなければならない。

結局、着地の一瞬にすべてが評価されるように、人生に於ても最後の後始末が立派であるかどうかでその人の人格や教養の程が総合的に評価されるわけである。最も心すべき剣道と人生の教訓であろう。

(展開四) 三ウン一味

これも又人生につながる大事な剣訓であり、「三ウン一味」とは「先」「断」「残」の三位一体の姿である。

「先」は機先を制することであり、「断」は一刀両断の鋭い気勢であり、「残」は物事を収める「残心」である。

世の中どんなことでも、この三ウン一味ならざるものはない。習字には起筆、走筆、終筆の教えがあるそうであるが、起筆は白紙に向って筆を起す「先」であり、走筆は一気に書き抜く「断」の精神である。そして最後は全体をまとめる終筆で字は完成する。

子供が学校で勉強するのも先ず家庭で予習をするのが「先」であり、学校で学習するのが「断」の実行であり、最後は家庭に帰って又復習するのが「残心」である。

そして、この中のどれを欠いても落第であり、見事に仕上げて立派に及第するためには先、断、残の三ウンが一連的に作動し、終始完全に機能しなければならない。

これが「三ウン一味」であり、剣道で学んだそのコツをすべての人生に生かし、いかなる事にもこの理を適用実践して行けば、これが武蔵の言う〝兵法の理を以て事を処する〟ことであり、剣理の生活化がこの一端から実動するであろう。

目付のこと

「目の付《つけ》やうは、大きく広く付るなり。観見二ツの事、観の目強く、見の目弱く、遠き所を近く見、近き所を遠く見る事兵法の専《もっぱら》也。敵の太刀を知り、いささかも敵の太刀を見ずと云事。兵法の大事也。よくよく工夫あるべし。此《この》目付、小さき兵法にも、大いなる兵法にも同じことなり」

武蔵

相手と相対して、どこに目をつけるかということは兵法の一番大事なことであるが、武蔵は、ある局部を見ないで大きく広く見よと教えている。

更に観見二様の目付があるが、「観《かん》の目」強く、「見《けん》の目」弱くせよということは、観は観察であり、相手の心中を観破する心眼のことである。見の目は表面に表われた現象を見る肉眼のことである。だから現象面だけを見ないで、心の動きを観破する「観の目」が大事だと教えている。この目付は独り剣道ばかりでなく政治家にも実業家にもその他一般人にも最も必要なものであり、現況を洞察し、将来を想見して遠大なる計画を立てることはその人の将来を大ならしめる絶対の条件である。更に「敵の太刀を知り、いささかも敵の太刀を見ず」ということもまた極めて大事なことであり、相手の太刀がどうなっているかはよく心得ていながら、その太刀をいささかも見ずということは、その太刀に心を奪われ、その太刀の動きに心を迷わせてはならないということである。このことは剣道では一番大切な心構えであり、誰でも相手の剣先やその動きに心奪われ、その太刀につれて、打とう、応じようとすることが、自《みずか》ら心の隙《すき》を作り大敗をとる結果ともなるものである。

その他、目付には「遠山の目付」「紅葉の目付」などの教えがあるが、いずれも局所に目をつけず、遠くの山を一望のうちに納めるような気持を持てということであり、又「脇目付」や「帯の矩《かね》」は逆に目を全く別の所につけて、こちらの心の中を、眼の動きによって察知されるようなことをするなということである。

碁の瀬越七段は「上手は頭で打ち、下手は目で打つ」と言われているが、碁でも剣道でも目先の打ちは駄目であり、よく考えて頭で打ち、心で打つ境地にならなければならない。剣道の古流に「観世音の目」とか「菩薩の目」とか色々表現されているが、眼は半眼に開いて優しい慈眼であれということである。

武蔵もこれと同じく、「眉《まゆ》あいにしわを寄せ、目は細くせよ」と書いているが、これが菩薩の目であり、精神力の集中出来る生きた目である。

日本の古い諺《ことわざ》に「女の目には鈴を振れ、男の目には糸を引け」というのがある。

女の目はパッチリと開いた明眸が美人の相であり、男の目はカッと見開いた怒りのまなざしでなしに、糸を引いたような目元千両の優しさが欲しいということである。

その他、色目、流し目は男にとって油断のならぬ目付であり、鵜《う》の目、鷹の目は何かをねらっている目付で女にとっては大敵である。

昔は「諸国諸大名は弓矢で殺す。糸屋の娘は目で殺す」というような娘心を表わした情緒豊かな表現もあった。

今でも「目元が涼しい」とか「目が澄んでいる」とかいうことは、その人の心の美しさを表わしたもので、それは身も心も美しい麗人だという表現である。

「目は口ほどに物を言う」と言われるように〝目は心の窓〟であり、心に思うことは先ず目に現われて来る。

武術で相手の目を見て、その技を見破るのと同様に、日常生活においても相手の目を見てその心を察知し、誤りない対応をすることは又大切な処世の道であろう。

「あいつは目付きが悪い」とか「巾着《きんちゃく》切りの目付きだ」などと言われないように、目は魚眼の如く、菩薩の如く、優しい心を含んだ清らかな目であって欲しいと思う。

勿論、それには先ず心の清らかさ麗しさが先決であり、この心こそ美の原点をなすものだということを忘れてはならない。

間と間合

間と間合は厳密に言えば異る内容であるが、間合を略して間と言うこともあり、間と間合を混同している人もある。

分かり易く言えば、間《ま》は時間の間《かん》で「時の間《あいだ》」「時の刻み」である。言うなればタイムの進行形でタイミングである。要約すれば「時間的距離」のことである。

剣道では「間拍子」「拍子の間」などの用語があり、宮本武蔵は「間の拍子を打つことを鍛錬すべし」と繰り返し教えているが、これは機会をとらえてタイミングよく打てということである。又『一刀斎剣法書』には「我が伝の間積りと言ふは位拍子に乗づるを間と言ふなり」と述べて、やっぱりタイミングの大事さを教えている。

一般には「間のび」「間違い」「間抜け」「間誤《まご》つく」などの用語があり、いずれも時間的関係の表現である。

落語の小さん師匠は「話は間である」と言い、活弁の大辻司郎は、すべて何事をなすにも「機と目と間」が一番大事だと書いている。その他演説や歌や音楽もその生命は間である。剣道では「間積り」のことをやかましく言うが、これは剣道ばかりでなく我々の日常生活においても「生活の間」は最も大事にされなければならない。

次に間合はこれを逆《さかさ》に書けば合間であり、相手と自分との立合の距離で、これは「空間的距離」のことである。

よく「我より近く、相手より遠く」と言われるのは間合のとり方であって、自分に有利な間合をとれという教えである。

二人の間の物理的距離が変ろう筈はないが、体のひらきや剣先のつけ方によって自分に有利な構えや体さばきは、自由にできる筈である。

相撲の小錦を倒すには「まともは駄目だ」「横から攻めよ」と言われているが、これも立合のタイミングと体のひらきによる間合のとり方をうまくやれということである。

剣道には「三段の間合」というのがあるが、これは一足一刀の間合を基準にして、それより遠い間合と近い間合とを総称して言うので、千変万化の剣道に於ては、間合も又近くなったり遠くなったりで、必ずしも一足一刀の間合だけを正しい間合だと心得るのは間違いである。

間と間合、調子拍子の揃はねば
　こころは同じ小鼓のわざ（『一刀斎先生剣法書』）

（展開一）間合のとり方

昔から「太刀風三寸にして身をかわす」と言われるのは、相手の太刀がまさに面上に落ちんとする瞬間にサッと身をかわして相手の太刀を無効にすることである。これは間合の玄妙を説いたものであるが、武蔵はこれと同じ趣旨で「一寸の見切り」ということを書いている。

相手の太刀が一寸の所まで迫って来た時に、その太刀の行くえを的確に見極めて、サッと身をかわすことである。

相手の太刀は出来るだけ身近に引きつけてかわすことが上策には違いないが、余り近ければ我が身が損傷される危険がある。仮りに一寸の所まで引きつけて身をかわすことが出来るならば、それはまさに神技に近い絶妙剣と言うべきであろう。

柳生流では「二寸のはずし」と言い、神道無念流には「五分のひらき」という訓えがある。いずれも打突の瞬間に身をかわせということであるが、ここで銘記すべきことは「後ろに退け」ということはただの一つも書いてないということである。

今の剣道では「間合をとれ」とか「間合を切れ」とか言われるのは後ろに退いて間合を遠くすることだと思っているが、ここに古流の教えと現代剣道の感覚との間に大きなずれがあり、この感覚の相違の中に勝負の大事な至理が含まれていることを知らねばならぬ。

一番よく分かる教えは溝口派一刀流の極意剣で、これには「左旋右転、出身《でみ》の剣」として、左に回りこむか、右に転ずるか、さもなければ「出身の剣」で前に身を突き出して対応せよということである。どんな場合でも退けということはただの一字も書いてない。

更に沢庵の教え『不動智』の中からこれを拾ってみれば「振り上ぐる太刀を見るや否や、心を卒度も留めず、その儘《まま》つけ入つて向ふの太刀に取りつかば、我を切らんとする刀を我方に押取つて、還つて向ふを切る刀となるべく候」と書かれているが、この精神こそ柳生流の「無刀取り」の原形をなすものであろう。

柳生但馬守は無刀取りの秘訣をこう書いている。「相手を恐れず敵の間合に入り〝切られて取る〟覚悟こそまさにそのコツである」。

この間合に入り「切られて取る」覚悟と死地に入る間合のつめ方に千萬無量の極意があるように思われる。

こうした諸流諸派の教えや剣豪剣聖の秘剣に見るように、「間合のとり方」「間合の切り方」は退くのでなしに出る所、披《ひら》くところに秘妙のコツのあることを知らねばならない。

更に又、奥山左衛門の心貫《しんぬき》流は一風変ったやり方であり、自分は藁《わら》の円座をかぶり、相手に思うまま打たせ、こちらは一切技を施さず、短い竹刀でただ下から突いて出るばかりである。その捨身の中に相手の太刀筋を覚え、間合を知り、そして相手の動きに乗じて「出る気勢」のみを修錬したのである。その「出る」一足の中にすべてが含まれているという恐るべき信念の秘刀である。

こうした凝集された信念の刀でなくて、現代剣道は打つ方はただ直線的滑走面をねらい、相手は反射的に後退するだけで捌《さば》きもなければ応じもない。「気で攻めて理で打つ」というような剣の醍醐味などはさらさら感じられない。結局、間合をとる取り方に誤りがあり、その考え方に根本的認識の相違があるからではないかと考えられる。

私がこの章において冗長の駄文を書いたのも、剣道で一番大事な「間合のとり方」に現代人の錯誤があり、剣道そのものを荒乱させているのではないかと心配されるからである。古人の教訓をつぶさに反芻吟味して、現代剣道とのつながりを照合しながら更に真剣に検討を加えて頂きたい。正しい剣道への回帰路線は必ず見出せるものと私は信ずる。

（展開）座頭市剣法

私は座頭市の映画を見て、あの勝新の剣法は、どこから来たのであろうかと常に不審に思っていた。もう十何年も前の話になるが、ある宴席で勝新さんと隣り合せになった。この時とばかり私は「あの立技の引き切り」は誰から教わったものですかと単刀直入にお聞きしたら、いや誰にも教わっていないし、だいたい私には剣のお師匠さんもいませんという返事であった。それにしても実に素晴しい太刀捌きであり、鮮やかな身ごなしであり、剣理に叶《かな》った見事な引き切りである。殺陣師《たてし》の指導かと聞けば、そうでもなく、全く自分の独創剣だと言われたのには驚いた。

ただ然し、たった一つだけヒントがあった。それは合気道の植芝先生の教えであり、この先生の指先一本で座頭市剣風が生まれたという話である。植芝先生は余りにも有名だからここであれこれ申し上げることは割愛するが、そのヒントはこうであった。

勝新さんを坐らせておいて植芝先生は遠くから、人差し指で面を切るようにして一歩一歩近づいて来られる。そして愈々《いよいよ》指が面にあたるところで勝新さんは頭をそらして後ろに退いた。その瞬間である。植芝先生は「なぜ出ない」とただひと言いわれたそうである。

剣道でものるかそるかと、よく言われるが、のれば極楽、さがれば地獄である。

植芝先生は自分の指先が面にとどく前になぜ後ろに退かないで前に出ないのかと教えられたのである。まさに生死一線の秘境を授けられたのである。洵《まこと》に素晴しい剣の極致であるが、ただそれだけで攻防の奥秘を知り、座頭市剣法を編み出した勝新さんのひらめきも大したものだと頭が下がった。勝新さんは更に「私はこの技を稽古する時には、わらじははかず一本歯の下駄でやります」とさりげなく言われたが、さすがは一世の名人だと思った。わらじがけでやれば簡単で楽であろうが、不安定な一本歯の下駄でやるところに腰の鍛えがあり、芸の冴えが出るものだという強い信念に基いた決断であったことに、更に一段の敬意を表するものである。

私は「間合のとり方はどうあるべきか」の解明に名人植芝先生の明智を借り、座頭市剣法にその実態を見せて頂いたが、こうした真摯な心ばえに一入の感動を覚えるものである。ただ真剣だ真剣だと絶叫する剣道人の修行にうそがあり、楽しみだ慰みだという芸能人の所作に剣道人も及ばぬ魂の打込みがあり、迫真の美が存している。我々はただ口先だけのお念仏では絶対に極楽には行けないし芸の高域に達することも出来ないということを強く覚悟しなければならない。

敵になると云事

「敵になると云は、我身を敵になり替つて思ふべきと云所也。世の中を見るに盗みなどして家の内へ取籠《こも》るやうなるものをも、敵を強く思ひなすものなり。敵になりて思へば世の中の人を皆相手とし、逃げこみてせんかたなき心なり。取籠るものは雉《きじ》なり、打果しに入る人は鷹なり。能々《よくよく》工夫あるべし」

武蔵

「敵になる」ということは我身が敵になり替ったものとして、敵の立場に立って考えてみよということである。

世間を見ると盗人などが、家の中に追いこめられていても、その盗人を非常に強いと思うが、敵の身になってみれば世間の人を皆敵としてどうにもならない窮地に陥っているのであり、盗人は雉であり、こちらは鷹である。この両者の心理をよく弁《わきま》えることが大事であるという武蔵の教えである。

剣道では試合に行っても昇段審査に行っても、他の人は皆立派に見えるし、とても強そうに感じられる。

然し相手の身になってみれば、これは又反対に他の人を皆強敵と思い、心中秘かに恐れをなしているのである。

だから徒《いたず》らに相手を恐れることなく、相手はこちらを恐れているのだから、自分は鷹の身になって雉を打つつもりで堂々と立合えという教えである。剣道の四戒と言われる驚懼疑惑も自ら招く心の四病であり、相手の身になれば、こんな病は直ちに払拭出来るものである。何をやっても自分一人でくよくよしないで、相手の立場にもなり、相手の心理を摑《つか》んで堂々と戦えと武蔵は言っているが、これは戦闘者の心理を通して一般人の心の持ち方、対応の仕方を教えたものである。

(展開二) 人の叱り方

学校で先生が生徒を叱る時は、先生は一応生徒の立場になって考えてみなければならない。親が子をしつける時も又そうである。

会社や役所で上役が下の者を指導する場合も、ただ自分の感情だけで行動せずに、下役の立場や心理をよく考えて人前で叱ったり、恥をかかせるようなことは絶対に禁物である。

山岡鉄舟が或る時、清水の次郎長に「あなたは沢山の子分を持っておられるが、何か子分を操縦する秘訣とでも言うべきものがありますか」と聞いたら、次郎長は笑って「そんな秘訣もやり方もありません。ただ私は人の前で子分をなじったり、叱ったりするようなことは絶対いたしません。ただそれだけです」とさりげなく言ったが、鉄舟は「なる程そうだ、次郎長は人生の機微を心得ている」と賛嘆した。何千人という子分がおれば誤りもあり、間違いも起こすだろうが、次郎長は決して人前では子分を叱らなかった。

それが多くの人の上に立つ大親分の襟度というものであろう。

世に「上へつらいの下いびり」ということがあるが、上司に対してペコペコしながら、心にもないお世辞を言う者に限って下の者に意地悪をしてこれをいじめたがるものである。これを小役人根性と言うが、こうして誰彼なしに所かまわずどなり散らす人は、自分では威張ったつもりでも、やられた人は心の中では「こん畜生」と思っている。そのこん畜生が怖いし、何かの機会にこれが必ず爆発する。「相手にもなって見よ」という武蔵的思いやりの情緒が足りないからである。

この次郎長と全く反対の性格が織田信長である。信長は天下人として今一歩の所まで来ておきながら忠臣明智光秀のために弑《しい》せられた。明智光秀は智略人に勝れ、お茶や和歌のたしなみもあり、教養高い武将であった。

然し信長は「鳴かずんば殺してしまえ」のはげしい気性であり、気に入らなければ面罵痛打し、光秀など群臣の前で足蹴にされたこともあったと言われているが、これでは光秀がいかに寛仁長者の忠臣であっても、そういつまでも辛抱出来る道理がないし、ついに勘忍袋の緒を切って、中国平定の途中から「敵はまさに本能寺にあり」と京都に引き返し、反旗を翻《ひるがえ》して信長を襲った。

光秀は母が殺された人質問題や、家康の接待で辱かしめられたことやら筆舌に尽くせぬ苦労の連続であったが、信長には人の心を忖度《そんたく》する度量がなかった。そのため自らも非業《ひごう》の最後をとげる結果になったのである。

信長にして、もう少し雅量があり、人の心を心として大事にする情があったら天下は信長のものとなり、彼も又壮大なる人生を送ることが出来たであろうが、短慮一徹の気性が自ら墓穴を掘る結果になってしまった。

人の上に立つ人や、人を使う人の心すべき大事な心がけであろう。

又随分と言い古された言葉ではあるが「戦勝の要は最後の五分間にあり」というナポレオンの戦陣訓にも掬《きく》すべき多くの教訓がある。戦争も人生もすべての戦いは最後の五分間が一番苦しい時である。然し自分が苦しい時は相手は更に苦しい時であり、もうやめようか、もう投げ出そうかと思った時「いやいや相手は自分以上にもっと苦しいんだ」と相手の心になって頑張っていけば、相手が先に参って、白旗を掲げてくる。剣道の延長戦でもマラソンの最後でも心理は皆同じである。

「最後の五分間」はナポレオンの戦勝訓でもあるが、これは又武蔵の言う「相手にもなって見よ」の心理作戦と同様であり、どの社会にも通じる人生必勝の奥の手である。

「相手の身にもなって見よ」という思いやりは剣道指導のこつであり、指導者には特に必要な心得の条である。

人を教え悪癖を矯正するのにも「君の格好はこうだ」「君の打ち方はこんなもんだ」と余り生々しい表現で拡大教育することは慎むべきことである。言う方は親切のあまりの情熱かも知れないが、言われる方は皆んなの前で侮辱されたと逆恨《さかうら》みして情《なさけ》が却って仇《あだ》になることもある。

私なども、もう何十年前の生徒達から「あの時はこうでした」「私は先生にこんなことを言われました」とまるで昨日のことのように手振り、身振りで話してくれる。自分には全然覚えのないことであるが、言われた本人は絶対に忘れていない。清水の次郎長ではないが、人に物言う時は本当に相手の立場と、言うべき言葉とを考えなければならないとつくづくそう思うようになった。

武蔵の言う「相手にもなって見よ」の言葉の領域は広い。これを拡大解釈して長い人生航路における心の指針とすれば我が行く道に間違いもなく、武蔵の剣道哲理も又今日に生かされるであろう。

思ふ事思ふが儘に言ひ捨てゝ
　人はさみしと思はざらまし
　　　　和風

たけくらべと云事

「たけくらべと云は、いづれにても敵に入り込む時、我身のちぢまざるやうにして、足をものべ、こしをものべ、くびをものべて、つよく入、敵の顔と顔とならべ、身のたけをくらぶるに、くらべ勝つと思ふほど、たけ高くなつて、強く入所肝心なり。能々工夫有べし」

武蔵

ただこれだけを読むといかにも背伸びをして、身長《みたけ》において相手に負けるなと言うようにとれるかも知れないが、武蔵はその中に「我身のちぢまざるやうにして……」と強調しているし、ここが一番肝心の所である。

相手と相接すれば、相手の体力に押され、或いは気力に圧せられて、首を曲げ腰を退いて卑屈になり勝ちである。武蔵はそこをついているので、相手と相接近したら足腰を伸ばし、顔と顔とを並べても、くらべ勝つと言うように、上から圧せよと言っているのである。

これを悪く解して徒《いたず》らに背伸びをしようとすれば足元がぐらつき、腰が安定しない。足腰が安定しなければもはや、戦いは負けである。武蔵はあくまでも畏縮せず、我が全能力を発揮出来るように伸び伸びとした態勢をとれと教えているのであり、ここを取り違えてはならない。

これは我々の日常生活に於ても然りであり、町を歩いても電車に乗っても顎《あご》を出し、腰を曲げて畏縮した格好ではいささか幻滅である。終戦後国民が気力を失い、下を向いてうなだれている時、坂本九の「上を向いて歩こう」という歌がはやった。上を向いて口笛を吹きながら朗らかに歩けということで一種の国民精神作興でもあった。

人間は上を向いて歩き、胸を張って歩く時は意気軒高たるものがあり、周囲を圧する気概が感じられる。高いビルも遠い山も皆臍下《せいか》に納めた時は、天地自然とたけくらべをして自分が勝った時である。武蔵の言う「たけくらべ」は、こうした気概であり、人より三センチ伸びよ、五センチ高くなれということではない。

一世の英雄ナポレオンは僅かに五尺二寸（一六〇センチ）足らずの小人《こびと》であったが、よく大ヨーロッパを制し、豊太閤は猿面冠者と言われる小わっぱであったが、よく戦乱の日本を平定して、心のたけくらべでは日本一になった。限られた身長を伸ばすことは出来ないが、心を雄大にもって誰にも負けるなという気概を持つことは洵に貴いし、是非実現しなければならない男の誇りというものであろう。武蔵の言う「たけくらべ」は単なる肉体的たけくらべでなしに、精神的、人間的たけくらべと解すれば更にその領域も広くなり、生存競争にも役立つ心の備えともなるであろう。

流水の打と云事

「流水の打といひて、敵相になり、せりあふ時、敵はやくひかん、早くはづさん、早く太刀をはりのけんとする時、我身も心も大きになつて、太刀を我身のあとよりいかほどもゆるゆると、よどみのあるやうに大きく強く打事也。此打ならひ得ては、慥《たしか》に打よきもの也。敵のくらゐを見わくる事肝要也」

武蔵

昔から剣道の稽古は「春の小川の如く」と言われ、春の小川のように淀みなく、さらさらとやれと教えられているが、武蔵がここで説くところは、これとは全く逆に淀みのあるような打ち方をせよと教えている。

それは相手と全く五分の位の時に、ただ一拍子の打ちを出しても必ずしも成功しないので、そんな時には、太刀を我身のあとより、淀みあるように大きく強く打てば必ず成功すると、一種のタイミングを教えたものである。

一つの例をとれば「担ぎ技」のように、さっと担いで、相手の応じ方により、相手が面を防げば小手を打ち、小手を防げば面に出るように、一拍子半の半のところに玄妙があり、打つ機会が存している。丁度バレーボールの時間差攻撃のように、打つと見せて、僅かに間をとって打てば、相手の虚《きょ》をつくことになり、ゆるいボールで見事な得点をあげることが出来る。

この打ち方を習得すれば確かに有利であるが、この際、敵のくらいを見わけることが何より肝心だと武蔵は教えている。

相手に格段の力があり、くらいが高ければ、こういう技は成功しない。例えば担《かつ》ぎ技でも相手がこちらの技に動じれば面でも小手でも自由に打てるが、相手が動じなければ、自ら隙を作り、自ら墓穴を掘るような結果になる。武蔵がよくよく鍛錬すべしと言っていることは、ここにその真意が存している。流水の打ちと「二の腰の拍子」とはまことによく似た攻撃心理であるが、その技法に若干の相違がある。

縁のあたりと云事

「我打出す時、敵打とめん、はりのけんとする時、我打一ツにして、あたまも打、手をも打、足をも打つ。太刀の道一ツをもつて、いづれなりとも打所、是縁の打也。此打能々打ならひ、何時も出合打也。細々打あひて分別あるべき事也」

武蔵

これは打突の機を教えたもので、こちらが打って行っても、相手の打つ太刀を応じても、両刃交合したら、これを合図に、どこまでも攻め立てて、とどめを刺すまで攻撃せよということである。実際の稽古試合の場合でも、打合って両刀相接したその瞬間に気をゆるめず、二の太刀、三の太刀と連続打ちに攻撃することが一番大事なことであるが、その一連の打ちを出す人は極めて少なく、大抵一合の打ちで元に還ることが多い。

この瞬間こそ打突のチャンスであり、この好機を絶対にのがしてはならない。

近藤勇は相手と対戦して、チャリンと音がしたらその音を合図にザクッと切りこめと真剣勝負のコツを教えているが、洵に素朴な表現ではあるが、勝負の機微を教えたものとしてその真理は貴い。

昔アメリカにデンプシーというボクシングのヘビー級の大選手がいたが「自分がパンチを出したあとが一番怖い」と書いている。パンチを出したということは、剣道で言えば打突した瞬間のことで、そのあとを打たれるのが一番怖いということであり、逆に言えばそこが打突の絶好のチャンスだということである。

「縁のあたり」とは敵刀とあたったのが縁であり、それを合図に打てと解釈すれば先ず間違いあるまい。

私はこれを「動きは打ちだ」と言い、動いたら必ず打ち返せと言っているが、武蔵の言うように、これは習い覚えると大変有利な技である。

この技の理とそのタイミングを充分に鍛錬習得すべきであろう。

紅葉の打と云事

「紅葉の打、敵の太刀を打おとし、太刀取なほす心也。敵前に太刀を構、うたん、はらん、うけんと思ふ時、我打心は無念無想の打、又石火の打にても、敵の太刀を強く打、その儘あとをねばる心にて、きつさきさがりに打てば、敵の太刀必ずおつるもの也。
この打鍛錬すれば打おとす事やすし」
能々《よくよく》稽古あるべし。

武蔵

武蔵の言う「紅葉の打ち」とは相手の太刀を打ち落とす技であるが、これは相手の太刀を強く打ち、そのままあとをねばるように切先下りに打てば、敵の太刀は必ず落ちるものである。

それは相手から強く太刀を打たれれば、一度は誰しも反射的に強く握りしめるものであるが、握りしめたあとは又必ず手の裡《うち》はゆるむものであり、その瞬間を切先下りに打てば相手はホッとした僅かの油断があり、その虚をつかれるので太刀を打ち落とされるのである。

一陣の風にもみじの葉がホロリと散るように、相手の太刀がこちらの一撃によってホロリと落ちるから「紅葉の打ち」の名称がある。

相中段の時もよし、更に相手の面を打って退り際に切先下りに打てば、これも又妙である。

「この打ち鍛錬すれば打落すことやすし」の武蔵の言葉通り、結局は鍛錬であり、鍛錬によってそのコツを会得すれば実戦に於ける戦果も又一入《ひとしお》なるものがあろう。

又別に相手の太刀を落す技に「捲《ま》き落し」がある。

捲き落しは両者中段に構えている時、特に相手の手の裡がゆるんでいる時、こちらの刀の鎬《しのぎ》をもって相手の刀の鎬から棟《むね》にかけて密着しながら捲き落す。

脱力して左手の手の裡を利かせることが大切である。相手の竹刀を落す点に於ては同じであるが、その方法や手の裡には大きな差があることを知らねばならぬ。

秋猴《しゅうこう》の身と云事

「秋猴の身とは、手を出さぬ心なり。敵へ身を入るるに少しも手を出す心なく、敵打前、身をはやく入心也。手を出さんと思へば、必身は遠のくものなるによつて、惣身を早くうつり入る心なり。手にてうけ合ひする程の間には、身も入やすきものなり。能々吟味すべし」

武蔵

秋猴とは手短か猿のことで、猿は寒くなれば手を引っこめてうずくまっているが、このように手を出さずにいて、まさかの時には手よりも先に躰を出せということである。

剣道に限らずどんなスポーツでも手だけ先に出せば躰は遠のくものであり、これは運動の原理から言っても落第である。

相撲にも「手を出さずに足を出せ」というきびしい掟《おきて》があり、「出足がいい」「躰がよく出ている」と好調の力士をほめるほめ言葉があるように、手よりも足の出ることを大事にする所に勝負のコツがある。

剣道でもまさにその通りであり「手先の打ち」「小手先の技」は剣の邪道であり禁物である。何と言っても気剣体一致の体から出なければ本当の打ちにはならない。

「立合いは竹刀で打つな手で打つな。胴造りして足で打て」の歌の教えの通り、剣道は手先や竹刀の先で打とうと思ってはならない。相手と相対すれば誰でも早く打とうと思い竹刀で打とうとする。然し竹刀だけ前に出しても躰が出なければ打てないし、手先だけでは尚更駄目である。

腹と腰をきめて足で打てというのが古来からの教えであり、この「足で打て」という所に不立文字《ふりゅうもんじ》の実に貴い教えがある。

剣道では下手ほど竹刀ばかりをばたつかせて一向に決め手がないのは、足が居付いて手先だけで打とうとするからである。

武蔵が手にて受け合いをするくらいならば、身はもっと早くつけ入ることが出来る筈だと教えるゆえんのものはそこに存している。

世に「口を出さずに金を出せ」という苦言があるが、剣道もまさに然りであり、「手を出さずに足を出せ」というのが鉄則であり、剣道上達の秘訣であろう。

近藤勇は真剣勝負の必勝法として「刀で切るな躰で切れ」と教えている。

新撰組が強かったのはただこの身を捨てて踏みこむ一刀にあったと言われている。

おもてをさすと云事

「面を刺すと云は、敵太刀相になりて、敵の太刀の間、我太刀の間に、敵のかほを我太刀さきにてつく心に、常に思ふ所肝心なり。

「敵の顔をつく心あれば、敵の顔も身ものるもの也。敵をのらするやうにしては、色々勝所の利あり。能々工夫すべし」　武蔵

面を刺すということは武蔵は別の項に「つらを突け」とも書いているように、自分の剣先をもって相手の顔面を突けということである。

常に相手のつらを突き、心を刺す気構えがあれば、相手はその剣先に威圧されて自然に顔をそむけ、心が遠のくものであり、そこが勝利をつかむチャンスである。

柳生流では「人中を突け」と教えている。

人中とは鼻の下のみぞ落ちの所で顔の真中のことである。

神道流では「鍔《つば》で貫け面部流」と言っているが、面部流は顔の正中線の流れのことであり、その一線のどこかを鍔で突き貫けと教えている。表現は各流各派によって異っているがそのねらいは一つであり、昔の真剣勝負において「面を刺す」という攻撃精神がいかに大事であったかを示唆したものである。

又一般的社会生活において「つらを突く」とか「面を刺す」とか言うような鋭い表現は必要ないが、相手の顔に注目するとか、或いは相手の目を見るとかいうことは極めて大事な心構えであり、人と対話をする時に相手の目を見はずさないことは人生における大事な礼であり、処世のマナーである。

日本人は外人と握手する場合にやたらと頭ばかり下げて、肝心の目を見ないが、それは相手に対して礼を失することであり、外国では大変いやがられることだそうである。

その他、演説や講演などの時も大衆の目を見て大勢《たいせい》を知ることが大事であり、天井ばかり見たり、原稿だけを見て話すことは聴衆に対しても失礼であり、精神的中心がなくて相手に感銘を与えることも出

来ない。

「面を刺す」という精神的集中力は私共の日常生活に於て忘れてならない心の構えであり、生きた人生のマナーであることを知らねばならない。

枕をおさゆると云事

「枕をおさゆるとは、かしらを上げさせずと云心也。兵法勝負の道にかぎつて、人に我身をまはされて、あとにつくこと悪し。いかにもして敵を自由にまはし度事なり。然によつて、敵もさやうに思ひ、我も其心あれども、人のする事をうけがはずしては叶がたし。兵法に敵の打所をとめ、突く所をおさへ、組む所をもぎはなしなどする事也。枕をおさゆると云は、我実の道を得て敵にかゝりあふ時、敵何事にてもおもふ気ざしを、敵のせぬ内に見知りて、敵のうつと云ふ、うつのうの字のかしらをおさへて、跡をさせざる心、是枕をおさゆる心也」

武蔵

武蔵の言う「枕をおさゆる」というのは、寝ている人が起き上がろうとする時に、その頭をおさえて頭を上げさせぬことである。

立ち上がれば強い力を発揮する人も、起き上がろうとするその瞬間は全く無力であり、子供の力で大人を制することも出来る。

兵法の道で言えば打つの「う」の字の頭をおさえ、切るという「き」の字を上からおさえることである。分かり易く言えば、出鼻を打ち、出鼻をくじくことである。

現代剣道で言えば「出小手」「出ばな面」などの名称があり、ボクシングにはカウンターパンチの妙技があるが、いずれも小の力をもって大の力を制する玄妙の技である。

（展開）先制の奇略

三代将軍家光が且て馬術の名手諏訪部甚九郎の妙技が見たいと多くの武士と馬上試合をやらせたが、皆諏訪部甚九郎の手綱さばきに敵することが出来ず、誰一人これに打ち勝つ者がいなかった。

家光公は甚だ不機嫌で「かくなる上は但馬、その方が相手いたせ」と柳生但馬守に試合をすることを命じた。

但馬守は「心得ました」と大馬にまたがり、馬場を一周し、愈々《いよいよ》立ち合いの間に駈《か》け入るや否や、相手の馬のつらを思い切り木刀で殴《なぐ》りつけた。馬は驚いて棒立ちとなり、諏訪部甚九郎はやっと馬の立て髪にしがみついた所を見事に打ち据えられてしまった。

家光公は「さすがは但馬じゃ」とその奇略をおほめになったが、これも一種の「枕のおさえ」の活用であり、馬術においては勝てなくとも、相手がその技術を発揮する前に「将を射らんとすれば先ずその馬を射よ」の戦法をもって相手を制したのは、さすがは天下の御指南番柳生但馬守の「明智」だとして後世永く語り伝えられている。

又伊賀越えの仇討ちで有名な荒木又右衛門は鍵屋の辻に河井又五郎を待ちうけた時、既に中間《ちゅうげん》郎党に至るまで夫々分担を決め、先ず中間に命じて桜井半兵衛の槍持ちを切らせた。「槍持ち、槍使わず」の言葉通り、槍持ちはなす事もなくたちどころに切り伏せられた。

桜井半兵衛は槍半兵衛と言われるくらいの槍の名手であったが、肝心の槍をなくしては陸に上がった河童同然で、その稀代の腕を振うことが出来なかった。

これも又まさに「枕のおさえ」の真髄であり、槍半兵衛に槍を持たせなかったところに伊賀越えの勝因があり、荒木又右衛門の兵法家としての奇略縦横の働きが一入《ひとしお》強く感じられる。すべて人生においても兵法においても動きの「ウ」のきざしを打ち、その発端を制することが、万事を制するゆえんであり、その機を知り、その実を学ぶのが剣道修行の目的であろう。

火の巻

武蔵はこの巻において合戦の苛烈さを火と見たて、小の兵法と大の兵法の原理の変らぬことを説いている。

そうして日夜の独り稽古を積むことによって、大いなる合戦にも勝てる剣理を体得することが出来ると言い、「兵法の理」の数々を具体的に教えている。

私も又この章において武蔵と同じく剣道試合の苛烈さを火と見立て、剣理と現実とを照合しながら、現代剣道の試合の在り方、審判の極所などを究明し、剣道の発展とその充実には試合、審判がいかにあるべきか、更に試合に臨むまでの稽古や精進、努力の姿、更にその心構えなど、古人の教えを尊びながら、その根幹の原理を探ねてみたいと思う。

稽古の概念

最近、稽古という字が一段ときびしく反省されているが、これは剣道にとって実にいい事であり、有難いことだと私は思う。

言うまでもなく稽古とは〝古きを稽《かんが》える〟ということで、何百年も昔の剣聖の教えも、今、自分が打った一本も、皆一様に過去の事であり古い出来事である。その過去のすべてに魂をこめて反省し、正しく規正していくことが本当の意味の稽古であり、老若男女を問わずひとしく問われるべき修行の心がけであろう。

中国では練習のことを「練工夫《れんこんふ》」と言うそうであるが、これは工夫を練るということで日本の稽古と同じ意味を持つものである。工夫も反省もない単なる肉体の鍛錬だけでは駄目だということで、剣道もこれと同じく竹刀を持った単純労働の繰り返しではいけないし、その激しい鍛錬の中に当然きびしい思考があり、深い反省がなければならないということである。

現代剣道は「あてっこ剣道」だから、昔のように「切る剣道」に還れと皆んな言われるし、私も又まさにそうあるべきだと思う。

しかし切るという概念に各人各様の考え方があり、そこに思考の落差と観念の相違があるのではあるまいか。

切るということを強く打てと解する人も多いと思うが、私は「強く」というよりも「正しく」ということに重点を置くべきではないかと思う。

宮本武蔵も「打ちとあたり」の内容を実に明快に説き、「あたりにも強きはあれど真の打ちには非ず」と打ちとあたりを截然と区別しているが、この区別が現代剣道に於ては最も大事なことだと思う。

「打ち」は打つ所をたしかに覚えて、ねらいを定めて打つことであり、今で言う「ためて打つ」ことである。

「あたり」は行きあたり、或いはまぐれあたりのことを言い、打ちまくっているうちに、どこかにあたったということで、教育的には何等の意義も価値もないものである。

武蔵は「たとえ相手が死ぬ程の強いあたりがあっても、それが本当の打ちでなければ、剣道的にはゼロだ」と言い切っている。

戦国時代の真剣勝負においてさえも、この観念であり、ましてや現代剣道において、この考え方がいかに貴重なものであり、教育的にいかに高く評価さるべきものであるかを考え、この思想の上に立ってこそ現代剣道が成立し、この信念に基いてこそ教育剣道の存在価値が更に昂揚されるものだと私は堅く信じている。

少し話が飛躍するかも知れないが、私は現代剣道は打突の強弱よりも「気で攻めて理で打つ」という理法の剣道こそ大事であり、「お互いにその隙を教え合う」ことこそ剣道の生命だと思い、そこに教育があると信じている。どんなに目から火の出るように打たれても一向に参らない打ちもあり、拳《こぶし》の先や面金一本を打たれても心から「参った」と頭の下がる打ちもある。この観念に立てば現代剣道は相手をただ打ちまくるものではなくて、お互いに構えの隙を打ち合い、心の隙を教え合うものだという理論が成り立つであろう。

だから私はどんな下段者にお願いしても、相手の剣先に心が動じたり、或いは自分の構えが崩れたりしたら、それは完全なる自分の負けであり、心の中では「参りました」と有難く頭を下げている。

そうした心の攻め合いや、気の取り合いが山岡鉄舟の言う無刀流の気の戦いに近いものではないかと思うが、果してどうであろうか。

竹刀を持ったはげしい打ち合いだけならば、それは白井亨の言う軍鶏《しゃも》の闘技《けんか》であり、針ケ谷夕雲の言う畜生剣道に類するものであろう。

私自身はどなたにお願いしても、そんな気持で教えを受けているが、それで本当に楽しいし、心から有難いと思い、その時その時の稽古が実に楽しみであり、勉強になる。

今日こそは、いくら打たれても動じまいと堅く心に誓っていても、いざ立ち上がると又しても畜生心がむらむらと起きて「打つぞ」「打たれまい」というあさましい根性が先に立つ。

俗物の心境は常に乱れ勝ちで、稽古のたびに我が心の卑しさが露呈されて実に情けなくなって来る。

然しその畜生心を毎日克服していくことが剣道の稽古であり、人生修行というものかも知れない。剣道は終生の修行だということは、この辺の機微を指したものであり、そこに毎日竹刀を持つゆえんが存しているのであろう。ただ案山子《かかし》のように突っ立って、気もなく、攻めもなく、徒らに相手に打たれるばかりであるならば、それは「生きた打ち込み台」であって、自分の稽古にもならなければ相手の修行のたしにもならない。この辺の心のけじめが指導者として最も大事なことではないかと私は思う。

以上が私の稽古に関する概念であるが、こんなことは今の若い指導者には理解出来ないことかも知れない。

然し剣道が人間形成という大目標に向って進軍するものであるならば、その根本をなす心の方向性にいささかの狂いがあってもならないと思う。

打合いや叩き合いの中からは正しい心や謙譲の徳は生まれて来ない。

「争心あれば壮心なし」と古人は教えているが、道を求める壮心が貴いのであって、なぐり合いに類する「争心」は禁物であり御法度《ごはっと》である。

更に剣道修行の長い道程は決して平坦な一本道ではなくて、山あり河ありの難路であり、その重点の置き所もその年齢層によっていささか異なることを知らなければならない。

二十才、三十才には若い力があり、
四十、五十には鍛え抜かれた精妙の粋がある。
六十、七十には磨かれた枯淡の美があり、更によわい八十ともなれば人生の余韻を楽しむ梵鐘の位がなければならない。
これが私の信ずる剣道の修行道程であり、その年齢層に応じた重点目標であるが、これこそ人生のたくまぬ成長のあとであり、美しい生涯の絵巻物と言うべきであろう。

そしてその根底をなすものは飽くまでも一貫した正であり、美でなければならない。

この麗しい姿こそ剣道成熟への美しい過程であり、人生四季の自然の花だと私は思っている。剣道によって磨かれた人生。稽古によって鍛え抜かれた魂の美を日々の我が生活の中に実践してこそ私は本当の意味の人間形成であり、その展開こそ人生五倫の麗しい開花だと思う。

註

以上は私のささやかな剣道修行観であるが、最近の剣道はこれと逆行して、乱れに乱れ、ただ打たんかな主義の考え方であり、勝負オンリーの指導法である。理もなく道もなく人間形成など思いも寄らぬやり方であるが、これで本当の剣道と呼べるものであろうか。

指導者も為政者もひとしく三省すべき剣道の命運を賭ける本質論である。

ただ「駄目だ、駄目だ、見ておれない」と非難するだけでは縦の鉛筆を横に動かすことも出来ない。現代剣道が駄目ならば、どこが駄目なのか。その原因はどこにあるのか。その駄目の原因を糾明し、その根源を摘出して本道に引き戻す努力をしなければならない。

仮に剣道がこの堕性のまま推移するとするならば、迷路は益々迷路となり、邪道は更に邪道に偏向して、遂には正邪の区別もなく、本末の判断も出来ない粗大ゴミとして仕末に困る存在となるであろう。日本人の精神的支柱として長い伝統を持った剣道が、始末に困る粗大ゴミとして敬遠されるとしたら、この責任は一体誰がどうとるべきものであろうか。どうしても避けられない剣道死活の現実の問題である。

平成元年から剣道が〝格技〟から〝武道〟に名称が改変されたのも、この勝負一辺倒の弊害をなくそうとする文部省や識者の剣道に対する情熱によるものだと私は堅く信じている。我が国固有の文化的特性を生かし、伝統的行動の仕方を理解させることは本当に有難いことであり、その実現にこそ生死を賭けなければならない剣道勝負の土壇場である。

稽古のやり方

最近の指導者はただ優勝の花のみを求めて、その大事な根を培《つちか》うことを忘れている。「米作るより田を作れ、田を作るより心田を耕せ」というのは有名な二宮尊徳の教えであるが、この素朴な表現の中に実に素晴しい教育の原理が含まれている。

何をやるにも根本は心田を耕すことであり、心を第一義にすることである。

心の田を耕す努力もせず、ただよい米の収穫のみをあげようとしても、そんな虫のいい話が通る筈がない。

今の剣道指導者の中には心田を耕すことも知らないし、心の大事さも忘れて、ただ竹刀を持ったら早く打て、早く勝てと、そんなことばかりを教えている人もいる。丁度、猿蟹《かに》合戦のように、早く芽を出せ、出さぬと鋏《はさみ》でチョン切るぞというやり方であり、そんなおどしでは芽は出ないし、単なるしごきでは人はついて来ない。世の中何をやるにも尊徳の言う心田を耕すことが先決であり、根を培《つちか》えば花自ら開くものである。その辺の手順やコツを間違えると、いつまでたっても花も咲かねば実もならない。

剣道は鍛錬だ実践だ、理屈を言うな、文句を言うな、やりさえすれば自然に分かるという昔ながらの徒弟教育では今の子供は受けつけない。子供の心田を耕し、どんな苦難でも乗り切れる心の準備をさせ「いざ戦わん」という積極心を先ず起こさせることである。

スポーツの世界では「やらされる三時間より、やる気の三十分」とよく言われるが、このやる気が大切であり、そのやる気を起こさせることが指導者の能力であり、心田を耕すことの必要なるゆえんがそこに存している。

子供達は自分のやることがレールに乗って面白くなれば、何も言われなくても自分一人でやるものであり、そこまで連れて行くことが教師のつとめであり責任である。

更に最近は労少なくして功多きを望む傾向が強く、剣道でも楽をして勝とうとする。

ただ稽古時間だけいい加減にやって、それで勝とうというような虫のいい考え方が多くなっているが、これでは強くもならなければ上手にもなれない。

昔から稽古は「上手《うわて》にかかれ、苦手《にがて》を選べ」というのが鉄則であり、その精神を忘れてただ弱い者をつかまえて、道場の片隅で二十分でも三十分でもだらだらとやっているようなことでは選手どころか補欠になることも出来ない。稽古は「はげしく短く」やるべきものであり、なるたけ短時間に能率の上がる鍛錬法を選ばなければならない。

最近の学生、生徒のやり方は時間的には戦前の学生より遙かに多いが、その割には一向に上達しない。心の持ち方が消極的であり、やり方にも間違いが多く、ただ勝ちを急ぐ根性だから、そんなことで本当の強味が出る筈がない。指導者もただ勝たんかなの近道ばかりを考えないで、苦しんで登る山のむつかしさと、その汗の貴さとを教えなければならない。

それが社会につながる大事な人生勉強であろう。

世に「巧詐《こうさ》の将となるより愚直の臣となれ」という訓えがあるが、洵《まこと》にその通りであり、インチキで勝つ迷将よりも、負けても堂々と戦う愚直の臣の貴さを教えることが剣道教育の本旨であり、剣道本来の使命であろう。

更に大事なことは、勝利の上に眠る安逸よりも敗北の下に積む努力の貴さを教えなければならない。

その忍苦の上にこそ人間性が培われ、人間形成につながる大道が拓《ひら》かれるのである。

こうした大事な精神教育がないから今の世は保身主義のインチキ野郎や小回りの利く小利巧ばかりが横行跋扈《ばっこ》する世相に堕落するのである。

剣道教育もこの辺の所を現実に即して教えなければ、現代剣道の教育的意義もなければ、その存在価値も危くなるであろう。

「千日の稽古を鍛と云ひ、万日の稽古を錬と云ふ」

武蔵

この武蔵の言の如く稽古とは千万の数をかけ、永年に亘り鍛錬の功を積まなければならないし、昔から「面数《めんかず》」と言われるくらい稽古の数をかけることも又大切である。

しかし考えなければならないことは、ただ年月をかけ、稽古の数を積めばそれでよいというものではない。世に「足踏み稽古」ということがある。どんなにやっても一向に上達もしなければ上手にもならない。丁度、水すましが間断なく手足を動かしているが何等の前進もなければ進歩もなく、単なる輪形彷徨《ほうこう》をつづけているのと全く同じである。

これでは唯《ただ》竹刀を持った運動のくり返しであり、剣道としては洵《まこと》に稔り少ない単純労働に過ぎない。碁でも「理のある石をおけ」と言われるように、剣道でも理のある打ちを出さなければ、どんなにやっても足踏み稽古、水すましの労作に終ることになる。

稽古で大事なことは、先を急ぐよりも基本を大切にし、更に基礎理論を大事にすることである。この基本路線が正しく確立すれば、あとは自《おのずか》ら道もひらけスピードも増して行く。「剣道はやることだ」「やれば分かる」という理論抜きの押しつけでは人もついて来ないし、正しい剣道の発展にもブレーキがかかる。

武蔵の言う「千錬万鍛」の中には技術だけでなしに、その中に頭脳的千錬万鍛が入っていることを知らねばならぬ。

稽古努力の要

世界の発明王エジソンは、この人こそ稀代の天才だと誰しも思うだろうが、彼は耳をいため、目をやられ、不具の身で新聞配達をしながら、その逆境の中に育った努力の人であった。

そして彼は「私の一生は九十九パーセントのパースピレーション（汗）と一パーセントのインスピレーション（霊感）であった」と自らの発明のすべては努力の賜であると言っている。世の中に超人的努力をしない天才はいないが、エジソンこそまさに「天才とは努力の替え名なり」と言われるにふさわしい刻苦精励の人であった。

剣道に於てもまさに然りであり、古代の剣聖から現代の剣豪に至るまで抜群の努力と絶世の精進なしに剣豪と呼ばれ、或いは剣聖と崇《あが》められた人は未だ且《かつ》てただの一人もいなかった。

どの流祖も達人も皆山野に伏し、神社に参籠し、或いは天地自然を打太刀として心を鍛え剣を磨き、生死の間を彷徨して初めてその玄妙を得、至奥の秘を体得したのである。

武蔵は「心常に兵法をはなれず」と言い、片時も兵法を忘れてはならないと兵法修行の心がけを説き、沢庵は柳生但馬に贈った『不動智』の中で、寝てもさめても、飯を喰う時もお茶を呑む時も兵法の研究工夫を怠ってはならないと教えている。

ところが今の剣道マンは、ただ道場で面を冠《かぶ》って打ち合っている時だけが剣道修行だと思っているが、これは大変な間違いである。言うなれば、道場稽古は自分の研究工夫を実際に試してみる実験の場であり、本当の稽古は沢庵の言うように四六時中、いつでもどこでもが稽古の場であり修錬の道場であると覚悟しなければならない。

また窪田清音の『剣法略記』には「独りならはしのこと」として『鳥の声、虫の音を聞くにつけ、心をかよはして武士《もののふ》の学びのたすけとする人は稀なり、心に怠りなく、独りならはしの打ち突きをしつつ、見るもの聞くものを我かたへとりてせんには、よろづのものおしなべて助けとならざるものなし」と書いているが、実に含蓄のある訓《おし》えであり、剣道修行はまさにこの精神態度でなければならないと思う。我々が日常立つにも歩くにも、字を書くにもすべてこの心がけでやれば何事も道に叶い、剣道修行のよすがとならざるものはないであろう。

実に有難い教えであり、日夜履習すべき我々の大事な修行訓である。

武道には昔から「千錬自得、万鍛神技」の言葉があるように、千錬万鍛の苦行なしには至高の芸域に到達出来るものではないが、これは武道だけでなしに凡《あら》ゆる芸能、スポーツに至るまで皆同じである。

私は舞踊の武原はんさんの至芸に魅せられ、その精進のきびしさに傾倒しているものであるが、彼女の平常の修錬や更に舞台に臨む心がけなど、全く昔の武将の出陣以上の気迫と覚悟の程が感じられる。「舞台は私の戦場」であり、いつ死んでも悔いないようにと、肌着には般若心経を墨書し、自ら〝金剛舞菩薩〟と書き込んでいるそうであるが、美しい舞の裏にこうした血のにじむ覚悟が秘められていることを思えば、真剣だ、命がけだとかけ声ばかり高い我々剣道人の生ぬるさと心の怠慢の程が恥かしくなる。

「小鼓の血にそまり行く寒稽古」というのも武原さんの苦行を偲ぶ句であり、「鏡は私のお師匠さん」と言って常に鏡に向って研究工夫する精進の姿も実に貴く美しく感じられる。

剣道人は自ら貴しと考え、自信が過ぎて過信となり、自画自賛が過ぎて自惚《うぬぼ》れとなっているような気がしてならない。

剣道は寒稽古をするとか、暑中稽古をやるとか、何か卓越した特殊訓練でもやっているかのような錯覚を起しているが、このくらいの修錬など他のスポーツにしてみれば朝めし前のウォーミングアップに過ぎない。

我々は昔の先人が命がけで築いた実績の遺産を徒為徒食で喰いつぶしてしまってはならない。

剣道に対する考え方と、その修錬のあり方を更に真剣に考究し、稽古に対する取り組み方を根本から考え直してみる必要があると思う。

試合の意義と目的

「試合」は昔は「仕合」と書き、立合いを仕《つかまつ》るということで、木剣や真剣でやる仕合は文字通り生死をかけた「死合」であった。

こうして死線を越えた多くの剣豪剣聖が悟道の跡を探ね、兵法は「人を切るものに非ず我が非心を切るものなり」と教え、或いは「人に勝つものに非ず己に克つものなり」とも説き、更に宮本武蔵は「兵法は術に非ず道なり」とも卓論している。

今の我々には理解し難い点もあるが、これは多くの剣豪が乱戦苦闘のあとに漸《よう》く辿《たど》りついた見性悟道の道であり、剣道究極の訓えであろう。

古人は「剣道は勝つべからず、負くるべからず」と言い、又山岡鉄舟は「剣道は人に打たれず我打たず、ただ無事なるを妙とこそ知れ」とも歌っているが、我々程度の剣道ではどうにも解《げ》せない心境である。

針ヶ谷夕雲は「相抜け」を説いているが、これも又その真意の程を的確に把握することはむつかしい。ただ私共がこうでもあろうかと想像出来ることは、剣道の勝負は単なる現象面の打突でなくて「気の勝負」「心の戦い」を大事にするように察せられることである。

山岡鉄舟は「心外に刀なきを無刀と言ふ」と言い、自ら無刀流と称しているが、無刀にして勝負を決しようとすれば結局「気」の勝負以外にその優劣を決する方法はないであろう。昔は確かに一合も打ち合わずに、ただ構えただけで「参りました」と平伏する試合は沢山あったが、これが「気の勝負」というものかも知れない。恩師高野佐三郎先生は若くして山岡鉄舟の門に入り、言語に絶するきびしい修行の明け暮れであったが、山岡先生に稽古をお願いする時、先生の剣尖がピリッと動いたら、もうそれだけで羽目板まで突き飛ばされたような気になったと、山岡先生の気力の鋭さを常に述懐し、賛嘆しておられた。山岡先生のあの歌や色々な訓えから考えても、先生は打突の現象でなしに「心の攻め」や「気の勝負」を心がけておられた様な気がする。

勿論そこが剣の醍醐味であろうが、そこまで到達しない現代剣道の勝負は何を根底に置き何を基準にして裁定すべきであろうか。

昔の剣客のように「気の勝負」だけでは現代剣道は成り立たない。さりとて現今のようなあてっこ剣道では剣道の本質から遠ざかってしまう。勿論、現代剣道の試合は剣道奨励の手段として行なわれるものであるが、その究極の目的と功罪の決め手は果してどこにあるのかをとくと考えなければならない。

人間は死に直面した時ぐらい緊張することはないし、又その時ぐらい自己の本性を暴露する瞬間はない。剣道の試合は「真剣勝負だ」というのは、その心理を捉《とら》えたもので、その生死の瞬間に暴露した自分の本性を的確に把握し、酷《きび》しく反省して、その欠点を是正する所に剣道が人間形成に役立つゆえんが存している。人は大試合に臨む程緊張するし、緊張する程自己のウィークポイントをさらけ出すものである。そのウィークポイントをさとり、これを矯正し更に鋭い気力を養っていくところに試合の意義があり剣道の教育的価値が存するものだと私は思う。

「剣は心なり」とも言われ「技は心の花」とも言われるように、外から見えない心のありかが技によって外に現われるものであり、その外に表われた技や態度によって、今度は帰納的に外に表われない心を正していくことが剣道の教育的意義であり、剣道試合本来の目的であると思うが、果してどうであろうか。

とくと御勘考頂きたい天元の一石である。

試合に対する心がけ

昔から試合のやり方や心がけについては多くの教えがあり、もろもろの意見がある。

試合に臨んではどの先生も「平常心でゆけ」「無念無想でやれ」と言われる。しかし「いざ戦わん」という時に、まるで禅の坊さんが言うようなことを言われても誰にも出来ることではない。それとは逆に二子山親方（元横綱若乃花）はこんなことを言っておられる。

「大事な勝負になったら誰しも固くなるが、固くなるのがあたり前だ。また相撲は固くなるくらい真剣

昔から試合のやり方や心がけについては多くの教えや意見があるが、二子山親方（元横綱若乃花）は「大事な勝負になったら誰しも固くなるが、固くなるのが当り前だ。また相撲は固くなるくらい真剣にならなければ本当によい相撲はとれないものだ」と言っておられる。

にならなければ本当によい相撲はとれないものだ」と人の言わないことを言っておられるが、これはまさに天下の至言であり、勝負師の面目躍如たるものが感じられる。

「固くなるな」とか「平常心でやれ」というようなことは剣道的に言えば、これは一番悪い「止心」であり、「止心」は心のブレーキであり、敗けの原因である。心の持ち方もそうであるが、その実際のやり方もまた人によって千差万別である。

「先手必勝」と言って先を尊ぶ人もあれば、「ただ敵を打つと思うな身を守れ」という慎重な道歌もある。そうかと思えば「剣道は勝つべからず負けるべからず」とまるで雲を摑《つか》むような教えもある。結局は敵に勝つという結論に変りはないが、その勝ち方や考え方に相違があるのであろう。

現代剣道の試合は真剣勝負でなくて、第三者の評価判定であるから、その評価の基準に合致したものでなければならない。

剣道では「気で攻めて理で打て」ということもあり「勝つに法あり敗けるに理あり」という訓えもあり、勝っても敗けても剣の理法に叶ったものでなければならないという牢固たる鉄則がある。

この理法の打突が剣道の生命であり、この一線をはずしたら現代剣道は絶対に成立しない。更にまた一刀流では一心一刀の必殺の剣を貴び、打ち下ろす一刀は「我が未練心を切り捨てる」ものだと言い、その信念の刀に曇りなからんことを授けている。こうした古人の教えや古流の精神を考える時、現代剣道の試合に臨む精神態度はいかにあるべきかは言わずして自ら明瞭であろう。『天狗芸術論』には「敵に向ふ時には我がなるべき程の働きをなして死を快くせんのみ、何の憂ふる事かあらん。士たるものは唯志の挫《くじ》けざらんことを要とす」として試合の本義を示し、試合は自己の最善を尽して潔く死ねばよいので、唯志が挫け卑怯な振舞いをしてはならないと悟《さと》している。

現代剣道もすべてこの心がけでやれば間違いもなければ悔いる所もない。勝敗は時の運であり、その場、その時の結果である。

一番大事なことはその結果よりも、その結果を生むまでの過程であり、そこに至るまでの精進努力である。その一粒一粒の汗の結晶が貴いのであって、汗もかかずに試合に勝つようなそんな速効薬もなければ、努力もせずして優勝するような、そんな妙薬もない。

ただ日々の努力の蓄積が、その場に臨んで特効薬ともなり妙薬とも変じて、思いもかけぬ素晴しい機能を発揮するものである。

最近の選手は労せずして勝とうと焦《あせ》って近道ばかり選ぼうとする。

そんなことで勝てる道理もないし、タイトルが向うから歩いて来るわけもない。

日本一の旗を獲るためには日本一の努力をしなければならないし、更に日本一のきびしい試練を受けなければならない。

それが試合に対する心構えであり、試合に勝つ秘訣であり、更にはまた剣道修行の大道でもある。

（展開一）根性

豊太閤は天下取りの秘訣として大気、勇気、根気の三つを挙げているが、剣道の天下を取るにも又この三気がなければ事は絶対に成就しない。どの道に於ても天下を取るまでには四苦八苦の艱難辛苦の連続であるが、どんなに苦しくても、どんな逆境にあっても絶対に挫折してはならない。「踏まれても蹴られても、ついて行きます下駄の雪」の根性がなければならない。剣道でも先生からどんなに打たれ突かれて苦しめられても、どこまでも「ついて行きます」という気力と辛抱が何より大事であり、歯を喰いしばってもやり抜く根性がなければ天下の権を握ることは出来ない。

私が且て東海大学に勤めていた頃、小松兄妹がいた。兄は小松誠君で、彼は秋田高校から東海大学に進学し常に名大将としてのほまれ高かったが、妹の律子君もまた兄に劣らぬ名選手であった。その当時、国士館には黒須というこれまた稀代の名選手がいて、当時の女子選手権を獲るのは東海の小松か国士館の黒須かと言われるくらい実力伯仲のライバルであった。

小松と黒須は勝ったり負けたりの成績であったが、小松は黒須に負けると「先生すみません。負けました」と役員席まで来て挨拶したが、いつもにこにこして何のこだわりもなかった。そんなことで私は「この子は勝負を超越しているのか、それとも勝負に不感症なのか」といつも不思議に思っていたが、これはあとで聞いた話であるが、小松が黒須に負けた時は、一人道場の鏡の前で夜通し研究していたということである。私はその話を後日、金木先生から聞いた時「ああ、やっぱりそうか」と思ったし、これですべてが分かった。天下の選手権を獲るような強い子が勝っても負けてもへらへら笑っているような、そんな根性で天下のタイトルが獲れる道理がない。日頃の稽古でも命がけでやっているし、負けてくやしくない道理がない。そのくやしさが道場の独り稽古につながったものであろうが、「顔で笑って心で泣いて」という仁俠精神のような心根がいじらしいし、その根性が実に貴いと思う。その涙は勝負に対する未練心でなくて自分の努力の足りなかったことに対する後悔と反省の涙であったであろうが、私はこの負けじ魂の血涙こそ実に貴重なものであり、この涙の一滴こそ人生につながる努力の根源をなすものだと思う。

「得意恬然《てんぜん》、失意泰然」という訓えはあるが、負けて人知れず流す涙には無限の反省があり、万斛《ばんこく》の闘志が秘められている。

私は選手に泣けと言っているのではないが、自然に出る涙は実に貴いし清純である。その清純の涙で洗い浄めながら跪《つまず》いても跪いても前進するところに人間性の錬磨があり剣道の光がある。

私は今の玉川大学の学生にもそんなことばかりを話して、諸君も小松の根性を見習えと言っている。「私は決して諸君に優勝せよなどとは言わない。然し負けてくやしい、残念だ、今度こそやるぞというくらいの根性を持て」と言うのである。諸君は武道学科を持つ大学に較べれば、百米競争でもう五十米も遅れてスタートするハンディキャップレースである。然しさりとて負けてよい筈がないし、負けて元々というような負け犬根性になるなと言っているのである。「剣道の試合」は気勢気迫、姿勢態度、その他、剣理やマナーなど総合的に評価されるべきものであって、現在のようにポイントオンリーで優劣を決すべきものではない。

仮に諸君が「ポイント」で負けても総合的「剣道」では勝つことが出来る。そういう剣道を学べというのが私の口癖であり、私の不動の教育信念でもある。そしてここに視点を置けば、優勝できなくても、どの学校も皆剣道的には必ず立派になると思う。

念流では、右手を切られたら左手で切れ、両手両足を切られたら噛みついてでも自分の一念を通せというのがその根本精神だそうであるが、この噛みついてでも一念を通す根性が貴いのである。この鋭い根性を養うのが剣道の修行であり、この逞《たくま》しい精神を体得するのが剣道の試合である。剣道が「気育」と言われるゆえんは、まさにこの一点に存している。

「負けて泣く涙があったら稽古の苦しさに泣け」と言われるが、稽古の苦しさに泣き、負けてくやしさに泣き、泣きの涙の中に鍛えられる根性が本当に人生に役立つど根性であり、剣道修行の涙の効用と言うべきであろう。

汗をかき恥をかきかき修行かな

（西江流）

（展開二）気概、気位

勝負を決する上に気概、気迫、或いは気位というものは絶対的条件であり、剣道では「勝つて而後に戦ふ」という訓えがあるくらいである。宮本武蔵は「将卒の訓へ」として「我は大将軍なるぞ」の気位で戦えと教え、柳生流では「敵を臍下《せいか》に納めて立合ふべし」といずれも敵を呑む気概気位の大事さを強調している。

然しその気概気位というものは、単なる竹刀の打ち合いだけから生まれるものではなく、その根底に人間性の卓越さがなければその輝きは充分に現れないものと思われる。

私は八十何年の生涯でこんなことが気概気位の根源をなすものではないかと独り考えこむことがある。話は昭和の初めである。昭和十三年の暮れに私は大阪府立北野中学（現北野高校）に赴任した。北野中学は知る人ぞ知る天下の名門校であり大阪府立一中である。

あの頃は学区制がなかったので大阪だけでなく奈良、和歌山あたりからも秀才が皆んな集った。北に北中あり、南に天中ありと言われた時代である。然し剣道は実に弱かった。全くの一回戦ボーイで、一回戦で敗けるのが当然のこととされていたが、ただ一度だけ二回戦まで行ったことがあるという。しかしそれは相手が来なかったので不戦勝でしたという程度の弱い中学であった。ところがどうだろう。一年たったらその北野がどんどん優勝するようになった。当時大阪は豊中、市岡、大商の三校が剣道界の御三家であり、この中のどれかが優勝するというのが常識になっていた。その名門校の中に新参者の北野が割りこんで来たので、さあ大変である。皆んな奇跡だ偶然だと思っただろうが、その奇跡が何度も続けば奇跡でもなければ偶然でもなくなる。

大阪周辺の優勝旗は全部、北野がとってしまった。私自身が信じられないことだから他の人がびっくりするのはこれまた当然であろう。

この誰もが信じられないような奇跡がどうして起きたのだろうか。力もなければ技もない。剣道的伝統も何もない北野の優勝は実は生徒自身の身内に潜在していた「気位」とでもいうべきものではなかったかと私は思う。北野に入学しただけで「俺は天下の秀才だ」という自負があり「何をやっても負けないぞ」という誇りと自信が自ら備わっていたからではないかと思う。それ以外に北野が勝つ要因がどうしても見つからない。

ただそれ以外に指導法として唯一つだけ思いあたることがある。私が赴任した時に思ったことは、北野は進学校だから長々と稽古をやっていては成績が下がるし、成績が下がれば部員が減る。そこで私は稽古時間は一時間と決めた。どんなことがあっても一時間以上は絶対にやらせない。これが優勝への一つの要因になったのかも知れない。稽古時間は一時間だから一分の無駄も許されない。生徒は終鈴が鳴ると道場に走りこんで来るが、その姿が今でも私の目の前に浮んで来る。

最近はどの学校も毎日二時間も三時間もやり、それに強い学校は朝稽古もやり、日曜祭日も返上である。休暇になれば武者修行と称して全国を回る忙しさである。引率される先生の心身両面に亘る負担や苦労がいかばかりかと想像に絶するものがある。やることは結構だが、余り多きに失すると逆に効果は少なくなることもまた事実であろう。同じ刺激を何回も繰り返すと遂には不感症になるそうであるが、不感症になってはいくらやっても効果はない。

その頃、関東では故三橋秀三先生が東京高師の附属中学を優勝させられた。これにはびっくりしたし何かの間違いだろうぐらいに私でさえも思っていた。高師の附属中学と言えば全国的の名門であり、本当のボンボンばかりの集りで、このボンボン達に剣道をやらせるだけでも大変である。しかも群雄割拠の東京で優勝させることがいかに至難なわざであるかも私にはよく分かる。しかも三橋先生は毎日四十分程度しかやらせなかったそうである。僅か四十分ぐらいで何が出来るかと思うが、結局は三橋先生の情熱と生徒の努力の合作であったのであろう。更には生徒の身内に潜在していた「気概、気位」の底力が爆発したことも見逃してはならない大きな要因だと思う。

私が北野や高師附属の稽古をここに引っぱり出したのは、今の高校や大学の稽古の在り方が果してこれでよいのだろうかと常に疑問を持っているからである。

対外試合に勝つことも大事であるが、剣道をやる子を更に正しく更に逞しく天下の御役に立つように育てることは最も大事なことである。剣道をやる子に秀才は多いが、いくら秀才でも勉強しなければ成績は下がる。成績が下がればボンクラであり落ちこぼれである。私は剣道をやる子がそんな評価をされることは実に残念であり、剣道にとっても大きなイメージダウンである。

話は飛躍するが、豪州のラグビーチーム、オールブラックスは日本のナショナルチームがどんなにぶつかっても全然歯も立たない程の強豪であるが、そのハート監督の言を聞けば、チーム全体としての団体トレーニングは毎日一時間しかやらない。あとは個人の自由練習だそうである。教えられることが多いし、反省させられる点が余りにも切実である。

こうした諸般の実情実績から考えても、最近の剣道教育に於ける稽古時間やその内容については更に真剣に考え根本的に見直す必要があろう。

時代の推移と剣道の流れとを勘案して、その改革を急がなければならない大事な時であり「武に偏せず文に片寄らぬ」文武両全のよい子を育てることが現代剣道の使命であり我々の責任である。それでこそ初めて本当の意味の人間的な高い「気位」が生まれ、品格ある人間形成が出来るものだと私は思う。

審判

「審判」とは審《つまび》らかに判定するということである。

何を審かに判定するかと言えば、「充実せる気勢」「適法なる姿勢」「正確なる打突」、更には刃筋や残心など考慮すべき要素は多い。

剣道が単なる打突の結果だけを判定するものであるならば、話はいとも簡単である。

しかし剣道は単なる結果でなしに、そこに至るまでの過程を貴び、その精神状態や残心にまで配慮し、そうした凡ゆる要素を勘案して瞬息の間にその裁断を下さなければならない。そこに剣道審判のむつかしさがあり、教育的成果の重要性が秘められている。

世界中に何百というスポーツの種類があるだろうが、剣道ほど審判のむつかしいものは唯の一つもないし、又これ程試合者に対して影響力を及ぼすものもない。

現在の剣道審判に於ては色々の意見があり、さまざまな批判や反論があるのは、他に色々な要因もあろうが、その根本は一番大事な「一本の絶対性」がないことである。

他のスポーツには判定に科学性があり、絶対性があり、誰がやっても大きな間違いもなければ誤審もない。

それに引き換え剣道の審判は技術的にむつかしい上に、一本の「絶対性」がないから判定の幅が次第に広くなり、「採《と》ってもいい、採らなくてもいい」という曖昧な技が多くなり、一本の許容範囲が余りにも広汎で、どうにも的確な一本が摑みにくい。

何千人という観衆がドッと喚《かん》声をあげるような見事なファインプレイでも審判の二人が駄目と旗を横に振れば、それでもうおしまいである。何とも納得のいかないやり方であるが、これが現在の剣道審判の実態である。

剣道の試合は剣道発展のための方法であり手段である。従ってその審判は剣道の正しい発展の線に添ったものでなければならないし、その発展に役立つように実施されなければならない。元々剣道の審判は剣道規正の制度でもなければ方向指示の羅針盤でもない。しかし現実的には審判によって剣道が左右され、先生の指導よりも連盟の剣道理念よりも、審判の方がよほど試合者に対する影響力は大きいし、その牽引力もまた絶大である。

剣道の審判員たる者、先ず、この責任ある前提に立って自らを律し、審判の権威を高める努力をしなければならない。

審判員は試合者の剣道生命をあずかる者であり「審判は絶対なり」というルールの陰にかくれて無責任な態度や粗雑な審判をすることは絶対に許されない。相撲の立行司は今でも腰に短刀をさしているが、これは万一差し違えがあったら、この場で腹かき切って申し開きをしますという心の誓いを表わしたものである。現在でも行司の世界では差し違えがあれば進退伺いを出すのが不文律になっているそうであるが、自らの軍配に命を賭ける行司さんの心境は実に貴いし、さすがに天晴《あっぱ》れだと思う。

話は変るが、サッカーの国際審判員のバッジの意匠は三つのCが組み合わされたものだそうであるが、

審判員は試合者の剣道生命をあずかる者であり、「審判は絶対なり」というルールの陰にかくれて無責任な態度や粗雑な審判をすることは絶対に許されない。
サッカーの国際審判員のバッジの意匠は３つのCが組み合わされたものだが、これはコレクト（正確）、コンフィデンス（信念）、カレッジ（勇気）の意味で、この３Cを心して審判をやれという教えである。

これはコレクト（正確）、コンフィデンス（信念）、カレッジ（勇気）の意味で、この三Cを心して審判をやれという教えだそうであるが、何の審判をやるにも信念と勇気をもって正確に判定することは審判者の義務であり責任である。剣道の審判も又まさに三C精神を堅持しその完璧を期さなければならない。

然らばその「完璧の一本」を期するには何を根底に置き何を基準に裁決すべきものであろうか。昔の武徳会は一、気勢気迫。二、姿勢態度。三、打突の正否を夫々一点とし、三点のうち二点を取った者を勝者としたが、このやり方は確かに剣道の本質を尊重した立派なやり方であったと思う。然し現実にはこのペーパージャッジは実施不可能として廃止になったが、その精神は充分に生かされなければならないし、例えルール的に施行されなくても、審判員の頭の中にはこの三つの要素が確立していなければ正しい剣道の審判は出来ないと思う。

だが然し昔の武徳会の時代でさえも、大まかに言えば京都流のやり方と東京流のやり方の二つに分かれていた。京都流は遠間からの大技を貴び、東京流は応じ技の玄妙な所を大事にした。極論すれば京都の先生方は応じ技は殆《ほと》んでとられなかったし、東京側にはそれが一番不服であった。然し今では全国的に統一され、関東流とか関西流とかの区別は全くなくなった。

ただ打突本位にとる人と機会重視の審判をする人のあることは否定出来ない現実であり、打突本位は現在のポイント主義であり、機会本位は理合を貴び打突の軽重よりも機会の正否を重視するやり方である。

私共は当然、後者を選ぶべきだと思うが、終戦後の先生方は打突本位の考え方の方が遙かに多いように見受けられる。

結局、日本剣道の性格づけをするのは審判のやり方一つであり、審判の旗の上げ方一つで日本剣道は右にも行き左にもそれて行く。

古人がどんな貴い教えを残し、現代剣道の指導者がどんなに声をからして正論を説いても、審判の旗一本の威力には勝つべきすべもない。日本剣道が発展し「正剣不滅」の原則が生きるためには、まさに審判に「正見」の眼力が備わっていなければならないし、更に不滅の信念と勇断の気構えがなければならない。審判こそ日本剣道を左右するオールマイティであり、その方向性を決める原点である。

仮にその原点と方向性を誤ったら日本剣道はその瞬間に終焉であることを知らねばならぬ。

附

審判に就ては宮本武蔵も他の剣客も何も書いていない。それはその当時は〝検証〟はあったが〝審判〟と称するものは必要がなかったからである。私がここで『五輪の書』にもない審判について、くどくどと書いたのは、審判を抜いて現代剣道を論ずることは出来ないし、新しい指導者には昔の審判がどこに拠点を置き、何を目指してどういう審判をやったかを常識的に知って貰いたいと思ったからである。

将来の剣道は過去の反省の上に立って正しい路線を選び、逞《たくま》しい前進を続けなければならない。その反省のよすがとしたい一念で私の思う審判の片鱗を書いたものである。何かの参考になれば洵《まこと》に有難いと思う。

試合者心得

武蔵は「将卒の訓へ」ということをやかましく言っているが、戦いの場に於ては「我は大将軍なるぞ」の気位をもって敵を思いのままに引き回せと教えている。今の言葉で言えばマイペースでやれということであり、これが戦捷の秘訣である。

上杉謙信は「敵を掌《たなごころ》に入れて合戦せよ」と言い、柳生流では「相手を臍下におさめて立会うべし」と教えている。いずれも武蔵の言う将卒の将の気位であり、その気位こそ戦陣に臨む武将の心構えである。武蔵は「相手にもなって見よ」と相手の心理をも洞察した気構えの必要性も説いているが、いずれにしても相手を威圧して、こちらの思いのままに戦いを進めることが試合者心得の第一条である。

第二は身を捨てることである。

勝利の決は身を捨てるところに存しているし、「身を捨ててこそ浮ぶ瀬もあれ」の心境が大事である。武蔵は「我身を切られに行くと思え」と言って捨身の剣法を教えているし、柳生流では「切らせて切れ」というのが秘剣中の秘剣だと言われ、同じく踏みこんで切られに行く捨身の精神を強調している。又『天狗芸術論』には「生は生に任せ、死は死にまかせて、此心を二つにせず、唯義のある所に随つてその道を尽すのみ」とあり、更にその後段には「生死の理は知り易きところなれども、この生にしばらくの名残りのみ、是を迷心と言ふ。この迷心妄動するが故に神くるしんで常に大敗をとるを知らず」と身を捨て切れぬ迷心の妄動を戒めている。

柳生石舟斎にはこんな歌があった。

「極楽に行かんと思ふ心こそ、地獄に墜ちる始めなりけり」。生き延びようとする心が死出の旅路であり、地獄に墜ちる一里塚である。上杉謙信は勇猛の将であり、単騎敵の本陣に切り込む離れ技をやったが、その信念は「生を必すれば必ず死し、死を必すれば則ち生く」と初めから死を決しての行動であった。

現在の剣道試合は相手から打たれても突かれても絶対に死ぬこともけがすることもないが、それでも躊躇逡巡してなかなか身を捨てての一刀が出ない。一刀流の極意は「一心一刀」であり「未練心を切り落せ」ということだそうであるが、これは又洵に素晴しい人生の教訓であり、この訓えこそ我々の日常生活に於て実践すべき名訓と言うべきであろう。

こうした流祖の教えや戦国武将の闘戦経を読めば、死を必することが生につながる道であり「身を捨てゝ又身を救ふ貝杓子」の訓えこそ活路を開く戦捷の秘訣であることが分かる。

この戦場の捨て身の教訓は即、日常の人生訓であり、はげしい生存競争や出世街道の戦いに於て右顧左眄《うこさべん》するだけでは一番槍の手柄を立てることは出来ない。

平時に於て身を捨てるということは、命がけの努力をせよということである。我身だけを大切にしてうまく立ち回ろうとすることは、石舟斎の言う「地獄におちる始めなりけり」で、決して立派な成仏も出来なければ有難い極楽にも行けない。

昔は「御家大切、殿大事」の精神が武家の掟《おきて》であったが、今では「我身大切、金大事」という利己主義の世の中であり、自分さえよければ義理もいらなきゃ道もないという保身主義だけが横行している。

私はこうした悪徳不倫の世相の時にこそ剣道の一刀両断の精神が生かされ「未練心を切り捨てる」正義の剣が生かされるべき時ではないかと思う。この精神の実動がなかったら何のために剣道をやっているのか、何のために武道精神を学んでいるのか、さっぱり分からなくなり、その修行の目的や精神までが根本からぐらつくことになろう。

昔の武士は元服の時に一番先に教わることは「切腹」の仕方だといわれ、これは恥を知り、善悪を明らかにし、身の処し方に誤りなきを教わることである。

今の子供達も道場に入って一番先に習うことは、正邪善悪のけじめと悪に走る未練心を切り捨てる「正義の剣」の心でなければならない。ところが最近の剣道教育はただ竹刀を持たせて、いかに早く打つかのやり方ばかりであり、心の持ち方の指導もなければ、行くべき道の方向指示もない。こんなことでよい子が出来る筈もないし、剣道のよさが顕現される道理もない。剣道では「三年先の稽古をやれ」という訓えがあるが、これは目先の剣道でなしに、将来に於て大いに伸びる剣道をやれということである。それには精神的にも技術的にも基礎工事を正しく堅確にしておかなければならない。剣道は昔から「太刀の道」と言われ、「太刀の道」は「断ちの道」であり、事の善悪を一刀両断する道である。

世俗に「刃切れがいい」とか「切れ味が立派だ」とか言われることは剣道の一刀両断から来た言葉であり、私共がやる日常の稽古も試合も、その心構えを養うためにやるものだという自覚が一番大事ではないかと思う。

かくして道場に於ける教えが社会に正しく実践されてこそ初めて剣道の存在価値があり、剣徳至りたるものと言うべきであろう。

「初太刀は生涯の勝負と思へ」

神道流

昔から剣道には「稽古は試合の如く、試合は稽古の如く」という訓えがある。

これは平常の稽古は試合のような気迫で真剣にやり、逆に試合の時は平常の稽古のように、余り固くならず平常心をもってやれ、という教えである。平凡な教えの中に試合心理の機微を教えているが、これは剣道修行者の大事な心構えである。

持田先生が天覧試合に優勝されたあとで私は先生におたずねしたことがある。「先生は天覧試合という大試合に臨まれる時にどんな気持でやり、どんな試合練習をやられましたか」。まさに愚問であるが、私は先生が何か特別な心の修錬をやり、或いは試合に対する特訓をやられたのだろうと秘やかな期待を持ち、それを知りたいと思った。ところが先生は「いや私は試合練習など一回もやったことはありません。ただ毎日の稽古が試合であり、どなたにお願いしても初太刀は必ず頂戴するという気持でやっております」と実に淡々とお話し頂いたが、これは先生の誇張でもなければゼスチュアーでもなく、先生の御心をそのまま伝えられたものとして実に有難い生きた教訓だと思う。先生は高段者に対しては高段者の心構えでやり、五段は五段、三段は三段として夫々の技や実力を考えながらやっているといつも言われていたが、まことにその通りであり、私など長い間先生の稽古姿を拝見しているが、先生が気を抜いて半気半間の稽古をやられたことなどただの一度も見たことがない。

「初太刀は生涯の勝負と思え」という古人の訓えは、まさに持田先生の心境であり、初太刀を打ちこまれたら、あとはもう幽霊のしぐさであり、後半でいくら打ち返してもそれはゼロにひとしい。稽古はすべて初太刀、初太刀、初太刀の連続と解すべきであり、その緊張と真剣味が剣道の生命というべきものであろう。

人生劇場における太刀捌《さば》きも初太刀、初太刀の連続であり、初太刀をとられたらもうその勝負は敗けであり、ヘボ将棋のように「ちょっと待った」はできないし、やり直しも利かないのが今の世の生存競争である。

世に「熟慮断行」という言葉がある。剣道も熟慮断行の断の一字であり、人生もまた乾坤一擲《けんこんいってき》の命をかけた断の一擲である。そう考えて稽古をやれば、道場の一本一本がそのまま社会につながり、その初太刀の真剣味がまた人生の糧《かて》となり、逞しい生活につながって行くであろう。

「人を導《みちび》くは馬を御するが如し。その邪《よこしま》に行くの気を抑《おさ》

「正の気を助くるのみ。又強《し》ゆることなし」天狗芸術論

実に素晴しい教育原理であり、教育の要点がすべて言い尽されている。人を導《みちび》くことは馬を御すると同様に、その邪に行く気を抑え、正の気を助長して行かなければならないし、決して強制してはならない。

昔の教育も今の教育もその根本原理に変りはなく、常にその正気を助け正しい方向に伸ばさなければならない。

英語でエデュケーション（教育）というのはエデュースすること、即ち個人の持つ長所を引き出してこれを伸ばすことである。

今で言う個性の尊重である。この個性の尊重が教育の原点であり、この個性を伸ばすところに指導の意義があり、教育の要諦がある。

剣道の教育は昔から理論抜きの強制が多く、言うなれば短絡的短所指摘法で、どこが悪い、ここが駄目だと短所を指摘して叱るばかりであったが、これでは今の子供は逃げてしまう。今は長所称揚法で、いい所を見付けてはそこをほめ、そこからほぐしてどう育てていくかということが問題である。

「教育は三つ叱って七つほめ」という訓えもあり「教育は二つ叱って三つほめ、五つ教えてよい子にはせよ」と言われるゆえんも又その真意はここに存している。

教育とは子供にやる気をおこさせることであり、それには小さい時からそうした指導的雰囲気の中で育てなければならない。

子供の頭脳細胞は三つまでにその八十パーセントは出来上がり、あとは大体六、七才ぐらいまでに完

成するそうであるが、教育も又この時機から始めなければならない。昔から一向に利かないものの例えに「彼岸すぎての麦の肥《こえ》、はたち過ぎての子の意見」というのがあったが、今では「はたち過ぎての子の意見」では余りにも遅すぎるし、言うなれば「三つ過ぎての子の意見」と言うべきであろう。

日本の親は小さい時には可愛い可愛いで無性に溺愛し、大きくなって子供が言うことを聞かなくなってから叱ったり怒ったりする。これではやり方が全く逆であり、こんなことでよい子が育つ道理がない。

昔こんな歌がはやったことがある。

「一つ二つは風車、三つ四つ五つは乳母車、そうして育てた坊やでも末は芸者の口車」。この俗謡のように、子供を教育すべき一番大事な三つ、四つ、五つの時に、おんぱ日傘で甘やかすから末は芸者の口車に乗るような理性も自覚もないぐうたら坊やができるのである。

剣聖高野佐三郎先生は母の胎内にある時からきびしい胎教を受け、三つの時から桐の木剣を持って小野派一刀流の組太刀を習われたそうであるが、今の世の親達も三つ、四つ、五つの教育の潮時を逸してはならない。日本のお母さん方は皆この一番大事な時機を失して、鉄がかたくなってから打ち直そうとしても、それではもう間に合わない。

「悪木は双葉のうちに摘《つ》まざれば斧《おの》を用ゆる憂いあり」で、悪い性癖は幼児のうちに矯《た》めなければ大きくなってからでは、どんな鞭《むち》をもってしても、どんな斧を用いても所詮は無駄であり何の役にも立たない。

教育は元々「飴《あめ》と鞭《むち》との使い分け」であり、叱るばかりでもいけないし、甘やかすばかりでも駄目であり、その緩厳よろしきを得るところに指導のコツがある。

私共が日常経験することは、ただ何にも言わないで、ただやれやれの寡黙実行型の指導者もあり、何でもかんでも手広く発言して、よその道場に行ってまで技術のことなどやかましく指導される積極的な先生もおられる。

然しよその道場に行ってまで頼まれもしないのに、技術のことなど自己流で指導することは禁物である。その道場にはその道場のしきたりがあり、その先生にはその先生独特の指導方針がある。それを無視して自己の所信だけを押しつけようとするのは礼を失することこれより甚しいものはあるまい。

私は民謡が好きであり、民謡番組などをテレビで見ては楽しんでいるが、私は民謡そのものよりも、それを批評する先生方の指導法に興味があり、そのやり方を見るのが大変な勉強になる。

先生方はどんな歌でも決して頭からけなすようなことはなさらない。先ずいい所をほめて「ここをこう直したらもっとよくなるでしょう」とか「歌の心を理解してそのムードを盛りこめば完璧になりますよ」とか、ひと言の批評の中にも飴と鞭とのかね合いを決して忘れておられない。更に民謡には「歌の節ぶし所で変る。知らでとがめて恥かくな」という戒めがあるが、剣道でも所により指導の方針も変り、人によってその表現も異るものである。その辺の所をよく嚙み分けて助言しないと、自分は親切で言ったつもりでも相手の先生には失礼にあたるかもしれない。剣道指導上留意すべき要点であろう。

人を導くにも馬を御するように、その邪に行くの気を抑え、正の気を助けなければならないが、自己の心を導くにもやはり同じ心がけが必要であり、すべての点に於て又「強いる事なし」の余裕と心構えが必要であろう。

風の巻

武蔵はこの巻に於て他流の在り方を批判し、二天一流の真髄を更に明確にせんとしている。然し統一された現代剣道界に於てはもはや、自流もなければ他流もない。全く一視同仁であり、流儀流派の垣根もない。従って私はこの章に於て流派の比較検討でなしに、時代と共に水の如く流れ、風と共に去った多くの剣士剣客の横顔をのぞき、その個性をめで、その剣風と逸話とを探ねてみたいと思う。

高野、内藤を始め多くの有名剣士の伝記等はすでに刊行され人口に膾炙《かいしゃ》していることであれば、その重複を避け、裏街道にこぼれ咲いた剣人の篤行逸話などに現代的光をあててみたら興味ある剣道の裏面史が出来るのではないかと思った。その仮そめの言動の中に掬《きく》すべき多くの訓えがあり、知られざる半面にその人となりや陰の功績の素晴らしさを知ることが出来るからである。

日本剣道の三大源流

昔から日本の剣法三祖と言われるのは飯篠長威斎（天真正伝神道流）、愛洲移香（影流）、中條兵庫介（中條流）の三人であるが、この剣法三祖と言われる人は主に技術の流祖として称えられたものである。然しこれとは別に剣理を人生に活用して大成した思想的三大源流がある。それは塚原卜伝、柳生但馬守、宮本武蔵の三剣豪であると思う。

長い剣道界の流れの中で夫々の生き方に剣の特性を顕現したこれ等代表的三名の剣聖は、いずれも高い剣の嶺《いただき》を極めた達人であるが、分け登る麓の道は三人三様であり、夫々の信念に従って、兵法の道のあり方を実に鮮明に顕現している。

現代剣道人の人別表を作れば大なり小なり必ずこの三つのうち、どれかの系列に入るであろうが、そこにおぼろげながら剣道の思想的潮流の大ワクを知ることが出来るし、そのどの路線に重点を置いて修行すべきかが現代剣道人の当面する課題であろう。

塚原卜伝

卜伝は剣の理を人生の行動に生かした最高の人であり、人生の間合を知り、危険の間を心得、絶対に危い橋は渡らないという慎重居士であった。有名な矢走の渡しの「無手勝流」もその精神であり、その子彦四郎、彦五郎、彦六の三子に家督を譲る時にその子達に試した「木枕」の一件も剣の奥儀を極めた深慮の表われであった。これ等の話はもう語り尽されているので、もっと手近な現実的教訓を想起してみよう。

卜伝は道につながれている馬の後ろを通る時は、必ず必要以上に遠回りをして通った。

多くの人は武士にもあるまじき卑怯な振舞いとして、わざと卜伝の通る道に荒馬をつないでいた。卜伝はその都度遠道をしてそれをよけて通ったので、村人は益々卜伝を卑怯者と罵った。それを聞いた卜伝門下の一人がわざと荒馬のうしろを通り、蹴って来た馬の脚を鉄扇で打ち砕いた。見ていた人は師に勝る達人だとほめちぎったが、卜伝はその弟子を呼んで「なぜそんな無益の殺生をするか」と強く叱った。「馬が蹴るのは当然のことであり、それを知りつつ危険に近づくとは何事だ。兵法を知らぬうつけ者だ」と叱責した。

卜伝は危険を知りつつ危険に近づく者は無智蒙昧《もうまい》のたわけ者だと言い、罪とがもない馬の足を打ち折るとはこれまた天下きっての大馬鹿者だと、その浅慮蛮行を強くいましめた。

これに類することは我々の周辺にも絶えず起きているし、無益の闘争や不慮の災難も常に頻発乱生している。

考えれば暴走族の中に割りこんでわざとスピード競走をすることもないし、不良仲間がたむろしている所を無理に通る必要もない。更に電車の中で酔っぱらいのいるそばにわざわざ坐ることもあるまい。荒馬のそばは避けなければならないし、危険の待っている所に無理に近づく必要もない。人生万事「無手勝流」であり、争わずして勝つのが兵法の至極であり、危険の間《ま》を知ることが世渡りの秘訣である。

「気をつけよう。甘い言葉と暗い道」

（防犯標語）

甘い言葉に乗せられてつい車に乗ったばっかりに、地獄の底まで送りこまれた女の子もいれば、危いと知りつつ山路を一人で歩いて樵夫《きこり》に頸《くび》をしめられた女子大生もあった。

皆んなが飛びこむから自分もやろうと何の思慮も分別もなく飛びこんで、そのまま川底から上がって来ない若い学生もいた。

考えればほんのちょっとした不注意が生んだ悲劇であり、世の中万事、卜伝の無手勝流で行かなければならない。「危い事はけがのもと」であり「君子危きに近寄らず」は人生の守り本尊でもある。我々は日常生活に於て卜伝が剣の極意から割り出した世渡りの道をとくと身につけ、誤りなきを期さなければならない。

柳生但馬守

但馬守は「剣は処世の理にして治国経世の道なり」と言い、「我が剣は人を切るものに非ず天下を治むるの剣なり」とも説いている。

剣の理を以て天下を治めた大政治家であり、治国平天下の素晴しい実践者であった。

育ちもよく、頭もよく、環境も地位も最高であった。更にその上、沢庵という心の導師を得て、天下を治める徳川家のブレーンになったが、このくらい条件の揃った兵法家は且ていなかったであろう。

但馬守の剣の実力は高く評価されてはいるが武蔵のような実績はない。ただ柳生流を御流儀と言い、御留《とめ》流と称して一切他流試合は許さなかった。ここにも但馬守の叡智がある。

天下の御指南番が名もなき素浪人や群がる浪士達と勝負をしたら、どこでどんなはずみで負けをするかも分からない。それは取りも直さず将軍家御指南番の名誉を傷つけることであり、天下に対する権威の失墜である。

徳川の天下も三代将軍家光のあたりまでは外様《とざま》、譜代《ふだい》の争いもあり、禄《ろく》をはなれた不逞の浪士の蠢動《しゅんどう》もあった。その不穏な世情の中に天下ににらみを利かせ、世を平静に導いたのは一に但馬守の理によって立つ「大の兵法」の智略と権威の賜物であった。

その子十兵衛三厳を「殿の不興」を蒙ったと称して十四年間も諸国を流浪させ、多くの柳生一門を網の目のように諸国に散在させ、不穏の分子は直ちに御国替え、御取潰しの憂き目にあった。

「小の兵法」の理をもって、これ程「大の兵法」を行政的に生かした名人高士は又と二人といなかったであろう。

但馬守は刀法を父石舟斎に学び、心法は沢庵に師事した。沢庵は禅僧であり名僧であり、禅の道より剣を説き、人生のあり方、政治のやり方をくまなく教えた。彼が但馬守に贈った『不動智神妙録』は卓越した兵法書であると同時にまた素晴しい哲学書であり、経世の書であり、人生に於て最高とも言うべき貴い道標でもあった。

但馬守がこれによって「大の兵法」を実践活用したとするならば、現代剣道界の高層も又これを学んで少なくとも「中の兵法」の在り方ぐらい探るべきではあるまいか。

現代剣道が技術オンリーに偏し何となく低迷を感じる時、但馬守の存在が一段と高く評価され、その時代的光芒を更に強く感じるものである。

剣の理をもって天下を治めた但馬守の叡智こそまさに兵法家羨望の位であり、現代剣道人のひとしく学ぶべき剣法最高の到達目標であろう。

宮本武蔵

武蔵は剣一筋の求道者であり「頼れるものは腰の一剣」という究極の信念に生きた孤高の人である。終生妻をめとらず、入浴もせず、髪ぼうぼうの素浪人を思わせるが、彼は漢籍を読み儒学を修め、教養も高く頭脳もまた明晰であった。そうでなければあれほど卓越した『五輪の書』が書ける道理がない。

武蔵は「兵法の理を以てすれば万事に於て我に師匠なし」と言い、自らの剣理に満腔の自信の程を示しているが、これまた何の虚構も偽りもなく、そのすべてを事実をもって証明している。茶道の心得もない武蔵が蓮台寺野に於てお茶の接待を受け、片手でがぶりと飲んだ姿を見て、本阿弥光悦が「まことに自然の〝手なり〟でござる」とほめるくだりがある。

更に光悦の作った茶碗の篦目《へらめ》を見て、且て石舟斎から贈られた芍薬の花の「切り口」と思い合わせて慄然たるものを感じた。どちらもその非凡なる切り口に尋常ならぬものを覚えたからである。

武蔵は陶芸はズブの素人であったが、その「へら目の切口」を見ただけで、その作者の人柄や生い立ちまでも言いあてている。

更に絵も彫刻も異彩を放った抜群の評価を受けているが、武蔵晩年の花鳥の屏風が特に秀逸であり、会津松平候が谷文晁《ちょう》にその模写を命じた時「これは彩筆画法を以て書いたものではなく気迫と心魂で書いたものであり、画法は模写出来ても心魂気迫を写すことは出来ません」と言って断った。

武蔵芸術の真髄とその抜群の秀筆を物語るものと言えよう。

武蔵こそは剣の高い求道者であると共に天衣無縫の画家であり、彫刻家であり、剣の理法を以てする天成の芸術家であった。

結び

こう考える時、卜伝、但馬、武蔵は皆同じ剣根の上に咲いた花ながら、夫々異った花の色香を写し出している。卜伝は手近かに咲いた美しい野辺の花であり、但馬は天空高く栄えた権力の華であった。更に武蔵は山奥に自然を友として開いた孤高の花とでも評すべきであろう。咲いた花を見れば色も香も異っているが、根は皆同じ剣根であり心は全く同じ見性悟道の位である。

現代剣道人もその人の心により、その環境によって皆、夫々異る花を咲かすであろうが、その根本をなす剣理剣法に誤りがあってはならない。日本剣道の三大源流のどれかに近い修行の道を辿《たど》らなければならないし、どれかに近づく努力をしなければならない。

卜伝流の無手勝流は誰もが実践し易い庶民の剣法であり、但馬の平天下の剣は行政家の剣魂であり、武蔵の清純孤高の剣は剣道高段者にとって一番手近なお手本であろう。

分け登る麓の道は異っても人間形成という高嶺の月は皆同じであり、どの道を選んでも皆素晴しい大道であり、あとは一歩一歩の努力を積み重ねて行くだけである。

たゆまぬ修行の貴さと人間の光がそこに存している。

日本剣道中興の祖

終戦後剣道が禁止され、やがて復活するまでには幾多の迂余曲折があった。

その間、潰滅状態の日本剣道を支え、内容的にも組織的にもこれを継承拡充して下さったのが木村篤太郎、笹森順造、野田孝の三氏であった。この三先生のことはつとに口碑文献に明らかであるが、いささかその陰になった部分の片鱗だけをここに想起してみよう。

木村篤太郎

先生は人も知る終戦後の全剣連初代会長であり古武士のような高潔無比の愛剣家であった。剣道を愛し、その将来を憂え、「こんなことをしていたら日本剣道は亡びるぞ」というのが先生の口癖であった。そして常に有志の高段者数名を集めて剣道の現状を論じ、将来を語り、その普及と発展に渾身の力をいたされたのである。

先生は「一源三流」という源流館の教えが大好きであり、晩年は揮毫《きごう》をするにも講演をするにも、いつもこの一源三流の言葉を引用された。その言葉の意味は

一、家のためには汗を流せ

二、人のためには涙を流せ

三、国のためには血を流せ

という実に清純高潔な教えであり、これは剣道人のひとしく実践すべき名訓であろう。

洵《まこと》に先生の性分に合った箴言《しんげん》であり、先生はこの訓えをそのまま実行された一源三流の実践者であっ

た。

笹森順造

先生は酒も煙草ものまないクリスチャンであり、洵《まこと》に温厚なゼントルマンであった。一刀流の宗家であり剣に対する造詣も深く自らもやり人にもすすめられた。

昭和三十二年に学生代表が親善使節としてアメリカに派遣された時、先生は団長であり私は監督の末席をけがしていたが、アメリカやハワイに於ける先生の信頼の厚いことと尊敬の度の高いことには本当に驚いた。当時先生は衆議院の外務委員長であり、外務委員長というのがこれほど外国で高く評価され大事にされるとは露《つゆ》ほども知らなかった。私は先生のカバン持ちをしていたためにどこに行っても外務委員長の秘書官待遇であり、帰りの飛行機も初めてファーストクラスに乗せて貰ってその待遇のよいのにびっくりした。

大きなソファーで赤い酒を飲でいるうちに、いつのまにか羽田に着いてしまった。

先生の功績は何と言っても終戦後の撓《しない》競技の創始であるが、これは普《あまね》く人の知る所であり、それは割愛して、先生について忘れられないことを二つだけ申し上げたい。

一つは全国学生剣道連盟の大会が大阪の中央体育館で行なわれた時、皆んなの役員が集った所で先生がこんな話をされた。当時先生は学生連盟の会長であったので皆一段と緊張した。

「今度井上さんは武道新聞に実によいことを書いてくれました。然しこれには色んな批判もあり反論もあるでしょう。だから本当の勝負はこれからですよ。鳥は空気の抵抗があるから飛べるのです。人は大地の抵抗があるから前進するのです」。私はどんなことを書いていたか全然記憶にないが、先生が空気の抵抗があるから鳥が飛べるし、大地の抵抗があるから人が前進するのですと言われたことは終生忘れ得ない感激であり、抵抗あればこそ前進があるのだという教えは私にとって最高の処世訓でもあった。人の反対や抵抗があっても正しいと信ずることは、それに屈せず、自己の信念を通せという教えだと思っている。

第二は新しい試合審判規則を作る時「面と小手」の先後の裁きがどうにもすっきりいかない。従来は面がどんなに立派に入っても先に小手が少しでも当っていれば「小手は不十分、面はあと」という注釈付きでどちらも採られなかった。然しそれをよいことにして面を打たれると、ちょっと小手を引っかけるインチキが多くなって審判を混乱させた。そのためにこの裁決をどうすべきかというのが一番大きな問題点であった。そこで私は笹森先生のところに行き、その話をして、小手が先に七、八分入ったら例えそれが一本にならなくても「技あり」を採って、「技あり」があったらあとの面は採《と》らないことにしたらどうでしょうかと相談した。ところが笹森先生は言下に「剣道には技ありはありません」とたったひとことの断であった。なるほどそう言えば笹森先生は一刀流の家元であり、一刀流は「一心一刀」の必殺の剣であり「技あり」などというような中途半端の技があろう筈がない。

それで打突は今のようにすべて「オール・オア・ナッシング」でいくということになった。ところが最近はあと打ちを取り過ぎるという逆の現象が起きて来たため、「あと打ち」は絶対にとるなという声がやかましくなって来た。然し剣道はやはり笹森先生の言われることが教育的には正しいと私は思っている。ひと口にあと打ちと言っても内容は千差万別であり、先後の関係と打突の理をよく弁別し、「あと打ち」と称するその一本の内容を詳《つぶ》さに識別裁断することが審判の能力であり、その責任というものであろう。

野田　孝

野田先生は笹森先生と共に撓競技の創始者であり、学校剣道連盟育ての親である。先生のことは機会ある毎に書いたので一般的なことは省略して、蔭に咲いた幾つかの業績を拾ってみたい。

先生は宝塚に豪邸を持っておられるが、それまでは池田市に住んでおられ、それも小林一三翁のお隣りであった。私共は時々お邪魔すると生垣一つ越した向うの小林邸によく案内して頂いた。大人《たいじん》の謦咳《けいがい》に接して少しでも大きくなれという先生の親心であったであろう。色々と有難いお話も聞かせていただいたが、その折野田先生がこんなことをぽつりと言われたことを覚えている。野田先生はその頃、小林翁のことをおやじと呼んでおられたが、「おやじからは月給は三等分して使うものだといつも教えられた。三分の一は家族の生活費に使い、三分の一は自分の趣味教養に使い、残りの三分の一は天下国家のお役に立つことに使え」。これが小林翁の教訓だったらしいが、そのせいかどうか知らないが、野田先生は学校剣道連盟のためにはいくらでもお金を出して下さった。

日本人教育には剣道が一番大事であり、そのためには学校剣道を充実発展させなければならないというのが先生の不動の信念であった。そうした信念に基いたものであろうが、終戦後剣道が復活した時、今度は「京都の武道専門学校を再興させなければならない。そのためにいる金は全部私が作るから、あなたは文部省に行ってそれが出来るものか、出来ないものかよく調査して来て下さい」という有難い命令であった。

当時、文部省には私の知人や同僚が沢山いたので、私は何度も文部省に足を運んだ結果、「今のままでは敷地が狭いから、あれを京都市立の単科大学にして、岡崎グラウンドを併合すれば何とか大学の設置基準には間に合うでしょう」というところまで漕ぎつけた。然し当時の武専卒業生は色々な事情に追われてそれどころではなかった。そんなことで強い推進母体が無かった為にこの壮大なる計画も遂に日の目を見ないまま消滅してしまった。実に惜しみても尚余りある痛恨事であったが、私は野田会長の素晴しい卓見と積極的犠牲の精神に本当に頭が下がった。

一つの大学を作るのにどれだけ尨大な経費がかかるか私共には見当もつかない。

その大金を、私が責任をもって作ると言われた野田会長の剣道を思い、国を思われる御精神の貴さには心の真底から敬服させられた。

野間家の三傑

御本尊の野間清治先生のお名前は雑誌『キング』などでよく知り、お顔も写真で見て立派なおひげだなあと思っていた。

実際にお目にかかったのは昭和十年頃であったと思う。その頃、野間道場では全国から優秀な先生を集めて伊香保で夏季の稽古会をやっておられた。然し誰でも行けるというものではなく、然るべき紹介者がなければならなかった。私は多分三橋先生の紹介であったと思う。伊香保の小さい電車が渋川からあえぎあえぎ登る時代であった。伊香保に着いたら「講談社」と染めぬいたハッピを着た少年が三人も駅まで迎えに来ておられる。今までに人の道具持ちはしても人に道具を持って貰ったことのない私はこれだけでもうびっくりした。一人が私の剣道具や荷物などを持ち、一人が先導に立ち、もう一人は駈足で「ただ今お着きになりました」と社長の方に連絡である。手回しのよいことにまた驚く。早速社長のお座敷に案内され色々の話をした。これで一応新入りの挨拶が終り、あすから愈々《いよいよ》待望の稽古である。

伊香保に於ける野間道場の稽古のやり方は各紙に詳しく報道されているので同じことを書く必要はないが、野間社長の剣道教育だけは私にも本当によい勉強になったし、教育とはこんなものかとやっと教育に対する考え方が少しずつ分かって来て実に有難かった。

朝起きると少年達は夫々の部署について夫々決められた仕事をやる。本邸や別荘の掃除をする者、外掃をする者、道場の雑巾がけをする者など、実に手際よく整然とやっている。

「君は川流を汲《く》め、我は薪《たきぎ》を拾はん」という積極的共同作業であり実に気持がいい。

清掃が終り朝食がすめば、それからが愈々本番の稽古である。講談社の少年は皆若くて可愛い坊やであるが、面を冠《かぶ》るとまるで鬼のように強くなり、地方から来た先生は皆少年達の集団攻撃の洗礼を受けて腰を抜かしてへとへとになってしまう。昭和十五年の天覧試合に優勝された望《もっ》ちゃん（望月正房氏）もその頃は実に可愛い美少年であった。

皆んな十日間ぐらいの予定で来ても大抵二、三日で音《ね》を上げて帰ってしまう人が多かった。稽古のやり方を書きたくても紙幅がないから、私は野間清治流の教育法を重点に書いてみたい。

私が伊香保の道場で一番驚いたことは、野間社長が九時から始まる稽古に九時前から正面師範台に正座して試合の終るまで身じろぎもせず、どんな稽古でも誰の試合でもヂッと見つめておられることであった。

十二時に終る予定のものが稽古や試合の都合で一時、二時になることも再々あったが、社長はその間、最初に坐ったまま本当にさゆるぎもしない厳粛さである。これには私も驚き入ったし、今もってあの正座の秘訣がどこにあったのかどうしても分からない。

社長は社員の稽古や試合を見てその長所短所を知り、その日のうちに座敷に呼んで色々と注意をして下さるそうである。剣道から見た人生の訓えであり、実に得難い教育だと思う。昼は皆んな道場で地獄のような責め苦であるが、夜はビールが出るし御馳走が並ぶ。それに殆んど毎晩のように演芸会があった。

お客さんも皆んなやるが、少年達も自分の番が来たらおめず憶せず皆んなやった。

今のようなはやり歌のない時代で、少年でも磯節とかおけさとか色々やっていたが、何と言っても十四、五才の少年であり、歌か御詠歌か分からないような怪しげなものもあり、腹のよじれるような面白い歌もあった。それでも少年達は誰一人逃げかくれする者もなく皆んな勇敢にやったが、私はあの中に大変な教育があり、あの中に不屈の講談社魂が育成されたのではないかと思う。

野間社長はあの頃はやりの白頭山節が好きで、これは江口先生（江口中佐、当時銃剣術の第一人者）のおはこで、すぐに江口先生が指命された。そうすると江口先生が待っていましたとばかり真ッ黒い顔に黄色い声を張り上げて「白頭み山に……」とやられたが、今でもあの黄色い声が耳底に残っている。

昼の道場でも色々な賞品が出たが、夜の演芸会でも又さまざまな賞品が並んだ。

熊本の紫垣先生は夜の部の勇者で、道場で賞品を貰われたのは余り見かけなかったが、夜の部では大変な褒美を頂戴して部屋まで私が手伝って運んだこともあった。私もどちらかと言えば紫垣流で、道場では葉書入れぐらいしか貰えなかったが、夜の第二道場ではテーブルかけや硯箱など相当上位クラスの賞品をいただき戦災で焼けるまで大事にしていた。

ざっとこんな風で野間社長は実に教育がお上手で、私は高等師範の教育よりも野間道場の教育の方が現実的でよっぽど為になったと思っている。

こうして色々な有難い教育を受けた上に帰りには伊香保名物の湯の花饅頭を頂戴した。そしてその上には御車代として金一封が乗っていた。中味は手の切れるような五円札で、月給以外に一銭も貰ったことのない私には大変な金額であり、また来年もという意欲が自然にわいて来る。

色々考え合わせれば野間社長こそ現代の柳生但馬であり、剣の理を教育に生かし、経世に応用した実に素晴しい実業家であった。

剣道界にもう一度こうした偉大なる指導者が出ないものかとその出現を望むや実に切なるものがある。

野間　恒

恒《ひさし》さんは私より若干若かったせいか、私は〝恒さん〟と言い、恒さんは私を〝井上先生〟と呼んだ。何だか逆の気分であるが、恒さんはあの頃、誰にも先生と呼んでいたようである。

恒さんは野間家の御曹子で剣道も抜群に強かったが、私共には実に丁寧で私は特によく可愛がって頂いた。福岡の家の方まで江口先生作の銘刀を何本も送って下さったし、四季折々の手紙も上等の巻紙に実に素晴しい字が書いてあった。戦災に遭わなかったらあんな貴重品が皆んな残っていたのにと残念でならない。恒さんは私が学生時代の頃から高等師範の道場によく稽古に来られた。道場のそばに黒塗りの自動車がとまっていると、また恒さんが来ていると皆んな張り切ったものである。

稽古は錬り上げた稽古で実に強かった。

幕末の三剣士になぞらえるならば、「力は斎藤」と言われた斎藤弥九郎の人となりや剣風がこうではなかったかと想像される。

斎藤弥九郎は剣道が強いばかりでなく、また文の人であり叡智の人であり、当時では並ぶ者なき素晴しい文化人であった。恒さんも剣道も強かったが教養も高く、遉《さすが》に野間家の御曹子と言われるだけの風格を備えていた。

「井上先生、散歩に行きましょう」とよく誘われて伊香保の町を歩いたが、茶店で一服すれば、二人でビール一本飲んで恒さんは必ず五円札を一枚置いて行かれた。キリンビール一本が二十三銭の頃であり、貧乏人の私は五円札について行きたい程の未練もあり、ああ勿体《もったい》ないことだなあとも思っていた。

ある時「今日は天気がいいから榛名湖に行きましょう」と誘われて榛名湖に行ったまではよかったが、天気が急変して一天俄《にわか》にかき曇り雷が鳴り出した。上州の雷は嬶《かかあ》天下どころではなく、遠慮会釈なくどこにもかしこにもごろごろ落ちるし、現に私はその前年、菅平に行く途中、この雷群に襲われ、あちらにもこちらにも牛が何頭も倒れているのを見せつけられている。そんな経験から私はもう今度は助からないとあきらめていた。右も左も前も後ろも雷ばかりで目をあけることも出来ない。

二人とも縁台の下で耳をふさいだままかがみこんでいたら、急に雨雲が遠のいて雷はどっかに行ってしまった。そしてそよ風が吹き湖面には日が照り出した。ああやっと助かったと二人ともほっとした。そしてその時である。澄み切ってさざ波も立たない榛名湖を眺めながら恒さんが色んな剣道界の話や剣道の先生の修行話などをして下さった。その中で今でも忘れられないのは寅雄さんの話である。

「寅雄を皆んな天才だと言う。なるほど天才と言われるだけに稽古も試合も実に素晴しい。然し寅雄がいかに研究工夫しているかを知る人は少ないでしょう。彼は稽古以外の時は一人、座敷に坐り、竹刀を持って凡ゆる技の研究をしていますよ」

淡々と話す恒さんの話の中に私はハッとするものを感じた。誰しも思うように私もまた寅雄さんこそは森要蔵の血をひく稀代の天才だと思っていた。ところが今、恒さんに寅雄さんの苦心惨憺たる独り稽古の話を聞き驚きもしたし、なる程そうかと合点もいった。

寅雄さんこそはまさに天分と努力を兼ね備えた本当の意味の天才だったのである。

更に恒さんにはもう一つこんな話がある。

恒さんが昭和九年の天覧試合に優勝されたあと「天覧では誰が一番強かったですか」とお尋ねしたら、皆強かったが瀬下さんには迷ったと言われた。瀬下選手は神奈川県代表で恒さんとは準決勝であたっている。その前から「瀬下は小手がうまい」「小手に気をつけよ」と皆んなから言われて、その事ばかり考えていた。「どうしてその小手を防ぐか」「どう応じたらよいか」と明けても暮れてもその事ばかりを思い悩んでいた。事実試合の時も小手を一本とられて「しまった」と思ったが、その時は何とか切り抜けて優勝することが出来た。その後機会があって瀬下選手と稽古することがあったが、やって見て驚いたことは全然前とは感触が違い、小手のコの字も出ないし強いとも思わなければ上手とも感じなかった。

稽古中殆んど一本も打たれなかったが、この程度の選手になぜ自分はあれ程恐れたのかと、我ながら不思議でならなかったと言われた。偽りも誇張もない恒さんの述懐であったが、これこそまさに先人の教える「剣の四病」というものであろう。小手がうまいと聞かされて、それをどう裁くべきか、どう応ずべきかという迷いがあり、疑いがあり、それが恐れとなって恒さんの明智を塞いだものであろう。

やっぱりそうか。恒さん程の豪剣でも、いざという時にはそんな迷いがあり、そんな恐れが出るのかと現実を聞いて古人の訓えの貴さをしみじみ噛みしめる感慨であった。

寅雄さんの華麗なる剣法に対して恒さんには鍛え抜かれた日本刀の光があった。

いずれも一世を風靡した名剣士であったが、二人とも夭折《ようせつ》されたことは日本剣道の大いなる損失であり剣道界の中心を失った感じである。恒さん健在なりせば、石田会長なきあとは恐らく全剣連の会長として君臨されたであろうと、恒さんの古い取巻きは寄るとさわるとそんな話をしてその夭折《ようせつ》を惜しんでいる。

野間寅雄

寅雄さんは中学時代から「今武蔵」と言われ『キング』や講談本にもてはやされた名剣士であり、私も数多くの剣豪剣士に接したが、寅雄さん程の光彩陸離たる名人技は且て見たことがない。私は寅雄さんこそ剣の天才だと思っていたが、恒さんに言わせれば「寅雄の技は努力の賜物だ」とのこと。もしそうであるならば、寅雄さんの剣道は更に高く更に貴いものだと思う。

私は寅雄さんとは伊香保で何度試合したか知れないが、ただの一度も勝ったことがない。

ただ一回だけ勝ったことになったが、それは審判ミスであった。どうせ勝てないものなら思い切って打ちこんでやれと真直ぐの面を打ったが、紙一重の所で実に見事に返された。「参った」と思って振り向くと審判の手が私の方に上がっている。寅雄さんが負けるのはいつでもこの面をとられて負けるそうであるが、紙一枚の玄妙至極の返し技は審判にも分からないのであろう。更に私が忘れえない一本は、野間道場が持田先生に引率されて九州一周をされた時である。福岡では寅雄さんの相手がいないので私がやることになった。その時打たれた横面は本当に脳震盪を起すような強烈な一本で、私が終生忘れえない実に素晴しい一撃であった。

私も寅雄さんに見事に打たれたが、九州中の大先生が皆寅雄さんに散々に打たれ、その打たれ方が又実に見事であったと多くの人に喧伝された。稽古のいい者は試合に弱いとよく言われるが、寅雄さんは稽古も強いし試合もうまかった。伊香保では中倉、恒、寅雄の三先生がいつもリーグ戦をやられたが、当時中倉先生は〝天狗の中倉〟と言われるくらい躰の利く当り盛りであったが、それでも寅雄さんは箇単には打てなかった。いつでも三すくみで、寅雄さんは中倉先生にはよかったが恒さんには勝てなかった。

その頃から寅雄さんは恒さんに少し遠慮しているのではないかと蔭で話していたくらいである。持田先生が朝鮮から一度講談社に来られた時、増田真助、恒、寅雄の若い三先生と試合をやらされ、「増田さんと恒さんには勝ったが寅雄さんには負けましたよ」と言われたが、これは持田先生の口から直接聞いた話である。

普通考えれば天下の持田先生と、いかに強いとは言いながら若い下段者と試合をさせるなど剣道界では通らない話だと思うが、野間清治という方は独特の試合哲学を持ち、こんなことは実にすっきりと割り切っておられた。

恒や寅雄は講談社にお出になる先生であれば、どんな高位の先生にも試合をお願いするという考えを持っておられたし、又それが剣道界で通ったから清治先生も偉いものだったと思う。寅雄さんの話はまだまだ尽きないが、私が最後に言いたいことは「たった一度でよいから今の若い剣士に寅雄さんの剣風を一目見せて上げたい」ということである。その瞥見《べっけん》だけで日本中の剣風が変るのではないかと思う。そのくらい寅雄さんの剣には理があり、剣風に位があり、現代剣道人の理想の剣の原形となると思うからである。

武専の三羽烏《がらす》

昭和の初め頃、武専（京都武道専門学校）には時代を同じくする津崎兼敬、佐藤忠三、若林信治という三名の剣豪があった。いずれも当代一流の剣客であったが、三羽烏の本当の意味は剣の方よりも酒の方に重点があったように思われる。三人とも剣豪であり酒豪であり、その実力の程は兄たり難く、弟たり難しで、いずれともその優劣は決められなかったと津崎先生が言っておられた。

津崎兼敬

鹿児島に生まれ京都に学び、当時武専の助教授であった。資性磊落《らいらく》と言うか竹を割った性格と言うか、いかにも薩摩っぽうらしい直情勁行の士であった。

先生は担ぎ技が得意で試合も強かったが、酒は鹿児島の芋焼酎で鍛えただけに滅法強かった。顔は赤ら顔になり青筋が二、三本立っていた。飲めば歌より唐八拳《とうはちけん》が得意で芸者を集めてはその唐八拳で一座をわかしておられた。

終戦後、先生は天下を憂えて鹿児島で切腹されたと風の便りで聞いていたが、まさかと思っていた。ところが何かの時に先生と一緒に風呂に入ったら左腹のところにとても大きな傷あとがあり、切腹とはこんなにも大きくなるものかとびっくりしたことがある。

津崎先生とはそんな純情な薩摩武士の典型であった。

佐藤忠三

先生は津崎先生よりいくらか若かったが、剣道はねばり腰でなかなか打てなかった。

国士館の二回生に馬田誠君というのがいた。中学は私の後輩であったが、中学時代から足搦が得意で、どんな強豪の先生も馬田の足搦にかかったら皆、物の見事に引き倒された。然し「忠さんだけはどうしてもいかん」と馬田がこぼしていたが、佐藤先生は腰が強くて相手にさからわないから馬田の強引な足揚も絶対にかからなかった。佐藤先生は遠間からの面が得意であったが、且て京都大会で東京の柴田万策先生との組合わせがあった。東西実力者同士の顔合わせで大会随一の好カードであった。

立ち上りざま柴田先生がグングン間をつめて行かれる。佐藤先生は間をとるためジリジリ退がられるがどちらも技は出ない。

とうとう両方とも一本も打たずに終ってしまった。あとで例の通り東西雀の試合評が始まった。東京勢は柴田先生が追いこんだと言い、京都の先生は佐藤先生の間のとり方が立派だったと佐藤先生に軍配を上げた。私は佐藤先生とは学校の関係でなしに個人的な特別の関係があったので、常に私的に色々と御指導を頂いていた。いつか〝鳥新〟で飲んだ時、あの時の心境をお尋ねしたら、やっぱり先生は正しい間合で勝負したい一念だったらしい。然しあとで内藤先生がこう言われたそうである。

「間合をとるなら、なぜ出て間合をとらないんだ。常陸山は相手の土俵で相撲をとれと言っているではないか」。常陸山は内藤先生の甥っ子である。一般論からすれば少し分かりにくいかも知れないが、さすがは内藤先生の一言だと敬服するし、私にはその教えの心がよく分かる。

剣道では退《ひ》いたら駄目だということである。それが勝負の鉄則である。

若林信治

先生は三人のうちでは一番若かったが、いつもにこにこして後輩に対する思いやりも深かった。終戦後、食べるもののない時に、秋田の田んぼからとって来たバッタの瓶詰を何度も頂戴したのには感激した。

稽古も強かったが試合も名人であった。

たしか昭和十二、三年頃であったと思うが、東京の矢木参三郎先生との組合わせがあった。矢木先生は日本一の難剣であり、風采は上がらなかったが人には絶対に打たせない難剣中の難剣であった。いくら若林先生が強くても相手が矢木さんではどうにもなるまいと皆んな心配していた。ところがどうだろう、立ち上がると同時に若林先生が大きく担ぎ、一度ゆすって面を打たれたが、これがまた割れるような見事な面で満場総立ちの喚声である。私はそれまで矢木先生が打たれたのを見たことがないし、しかもあの難剣の矢木先生を物の見事に打ち据《す》えた若林先生の豪胆さには全くもって恐れ入った。

先生は剣人でありまた俳人でもあった。且て京都歌壇に於て先生の句が第一席になったことがあるが、そのいきさつがまた振るっている。

先生の句は「飲めばたる。千鳥鳴かうが鳴くまいが」といういかにも先生らしい作であったが、それに思わぬ所からクレームがついた。三条の〝鳥新〟で千鳥が鳴く筈がないというのがクレームの原因だったそうである。

然し鳴いたのが千鳥であろうと雀であろうと、本人がその気で聞いたのなら一向に差支えないという選者の一言でカタがついたと、若林先生が例のあどけない顔で盃を返しながらの笑い話であった。

武専の三羽烏は〝鳥新〟が巣で、ここで二日二晩飲み続けたこともあったということである。三人一緒に学校を休むと問題だから一人ずつ席をはずして、学校に顔だけ見せてまた交替という智能犯であったらしい。それも津崎先生の話である。

三先生とも亡くなられたが、先生方の実績と口碑はいつまでも消えることはあるまい。

宮崎茂三郎

高岡謙次著『昭和の剣豪　宮崎茂三郎』という本の推薦のことばに私はこう書いている。

「宮崎先生は資性磊落、威あって猛からず、情に厚く、権力に媚《こ》びず常に剣道界を高歩する廉直の武人であった」。この一条に先生の全人格が表現されていると思うが、先生こそ昭和の剣豪にふさわしい廉直の武人であった。酒も煙草ものまない剣一筋の生涯であったが、自分は飲まなくても宴席では実に明るく、人に迷惑をかけまいと人に酌もし歌も歌われた。先生の得意は都々逸《どどいつ》で「小手と見せかけ上段ばかり、竹刀でわたしをじらす気か」という随分と意味深《いみしん》の歌であった。これが先生のおはこであり一帳羅であり、歌といえば必ずこの文句であった。

終戦後職を失った剣道の先生ほど気の毒な存在はなく、やみの出来ない先生は筋肉労働までやって糊《こ》口《こう》をしのがれたと聞かされた。

終戦後、撓競技が出来たが、こういう軟弱なものが剛剣を以てなる宮崎先生の気に入ろう道理がない。然し先生はそれでもここを辛抱してやり抜かなければ日本剣道は永久に亡びるという遠大なる希望と決意を以て撓競技も研究され自らも修錬されたのである。

先般、本箱の底から古いパンフレットが出て来たが、それは大阪中の島公会堂に於ける撓競技大会と模範試合の番組であった。

その最後の所に驚く勿《なか》れ、宮崎茂三郎対井上正孝の組合わせがある。剣道界ではこんな常識はずれの組合わせが出来る筈がないが、それがやるにも事欠いて撓競技の試合である。

宮崎先生がいかばかりの思いでこの試合をおやりになったか今思い出すだけで涙のにじむ思いである。先生はただ剣道復活の一念に燃えてその一時的屈辱を忍ばれたのであろう。宮崎という先生はそんな崇高な心の持主であり、そんな直情勁行の廉直の士であった。

植田平太郎

先生は現存の植田一範士の御尊父であり天下の名人であった。洵《まこと》に残念の極みであるが、私は近代名剣士の中でただの一度も御指導を頂かなかったのは植田先生ただ御一人であった。昭和十年頃、福岡の錬士会で中国、四国を武者修行した時、今度こそ植田先生にお願い出来るぞと楽しみにしていたが、何か先生のご都合でご指導を頂く機会を失くしてしまった。

先生は単なる剣豪ではなく大変な研究家であり素晴しい剣道哲学者であったと私は思う。

いつか持田先生に「今まで試合をされた中でどなたが一番手ごわかったですか」とお尋ねしたら「それは植田さんです」と言下にお答えになった。「植田さんはよく考え常に研究して決して同じことを二度とやられない。そこに植田さんの立派さがあり、素晴しい威力があるわけです」と植田先生の修行のあり方や考え方を諄々と話して下さった。

植田先生は「他の人は皆、東京や京都で充分な稽古が出来るが、自分は四国の田舎におるのでそれが出来ない。だからその分だけ自分で努力しなければならない」と常にそう言って自分を戒めておられたそうであるが、この言葉は皆んなが噛みしめなければならない大事な教えである。立派な先生が地方に行った途端に弱くなるのは、この植田精神の欠如によるものであり、修行心の足りないものとして自ら戒めなければならない。

いつか済寧館の試合で植田先生は斎村先生と組み、見事な小手を二本打たれたそうである。それは斎村先生の道具持ちをした大沢先生の述懐であるが、「親爺が出ようとする所を見事に小手を打たれた。それも全く同じ小手だった」とその状況を詳しく話しておられたが、斎村先生は担ぐ癖があり、それを知っていた植田先生はそこをねらって打たれたのであろう。日頃の研究努力が実を結んだ美しい修行談でである。

昔の五月大会は大先生が皆、黒紋服で威儀を正しておられたが、植田先生も紋服でいつも小さな印伝の袋を提げ一人、武徳会や疏水《そすい》のほとりを静かに歩いておられた。沈思黙考のお姿であり、哲学者の趣があった。全く考える剣士の像とでも言うべき尊いお姿であった。

島村喜勝

今頃島村喜勝と言っても誰一人知る人もなく、古い先生でも殆んどご存じないと思う。

武専は斎藤、川上先生方と同期であり、技も勝れ、男っ振りもよく、自ら備わる風格があった。私はそれほど深く交友したわけではないが、何となく好感の持てる剣士であり、新撰組で言うならば土方歳三がこんな風貌ではなかったかと思う程の逞《たくま》しい武者姿であった。

私がなぜ彼をこの紙数の少ない中に押しこんだかと言えば、その精神が余りに立派であり、これをこのまま葬り去ることは情において忍びなかったからである。

彼は武専在学中から剣道の在り方を論じ、卒業後桃山中学に赴任するや「武徳会改革論」なる論文を公にした。当時武徳会は日の出の勢いであり天下を睥睨《へいげい》する大権力であった。

その大権力に向って真正面から『武徳会改革論』をぶつける勇気と信念こそまさに、正を貫く武士道精神だと腹の底から敬服させられる。私共が全剣連に向ってあれこれ注文したり、嘆願したりするのとはどだいわけが違う。この改革論を世に出せば武徳会の忌諱《きい》にふれ、市中引廻しの上、打首獄門は火を見るよりも明らかである。その打首獄門を覚悟の上で改革論を出して武徳会を粛正しようとする魂胆はまことにもって驚き入ったる仕儀であり、私心私情ある限り誰にも出来ない決死行である。

山鹿《やまが》素行が『聖教要録』を出す時、一家眷族は挙げて反対し、その公刊を死をもって諫《いさ》めたが、山鹿素行は「正しい事は死を賭してもやらねばならぬ」と武人としての正義を貫き『聖教要録』を公にしたと同じような武魂の凄烈さを覚えるものである。私はここで『武徳会改革論』の内容を言おうとするものではない。ただ正義のために孤軍奮闘し、いささかも権力に屈しなかった一人の正義の士を尊び、その霊を敬《うやま》い、その心霊の教える道を現代剣道人は勇敢に前進すべきではないかと強調したいのである。

現代式の大勢順応型や時局便乗型ではとてもこの真似は出来ないだろう。

我々は剣を学ぶならば須《すべから》く島村精神を学ぶべきであり、人に道を説くならば、先ず島村喜勝の真っ裸の魂を説くべきであると思う。

羽賀準一

羽賀準一ちゃんは剣道界では大先達であったが、年齢は私と同じくらいで、私はいつも彼に色々な事を教えて貰った。

その頃、彼のことを平手造酒《みき》と呼んでいた。剣道も強いが酒も強いし、誰に遠慮気兼ねもいらない天衣無縫の風貌を評したものであろう。口の悪いのは日本一で、そこにいる大家の先生でもボロクソにこきおろす心臓の強さもあったが、理論は実に確かであった。

「正《まあ》ちゃん、お前の剣道は剣道じゃあねえぞ。竹刀は縦に振れば相打ちにはなるが、横に振ったら皆んな自分の隙を作るようなものじゃあねえか」といつもいろんなことを注意してくれた。

結核になって「どうせ死ぬなら剣道をやって死ぬ」と血を吐きながら剣道をやった気骨の荒武者であり、その死線を越えた剣風は恐ろしい殺気を帯びていた。居合でも彼の居合は鳥肌の立つような恐ろしいもので、何だか村正の妖刀を思い出させるすさまじいものであった。然しその理論の確かさは剣道界だけでなしに、野球界にも知れ渡り、当時の一流選手を始め多くの打撃選手が皆んな羽賀の門を叩いた。恐らく太刀の振りようとバットの振り方に一脈相通ずるものがあったのであろう。

当時の新聞は大きな写真入りでこの異色の打撃コーチのことを詳報していたが、彼にはこうした変った一面もあった。

現存の中倉、中島先生と共に中山門下の三羽烏と言われたが、剣風は夫々異った独自の剣域を持っていた。躰は私より少し小さかったが横が張り胸板が厚かった。当時、百六十匁の竹刀を麻柄《おがら》のように振っていたが、それは剣の理に合った振り方だったから極めてスムーズに振れたのであろう。

昔から「重い竹刀を軽く振れ、軽い竹刀を重く使え」という訓えがあるが、これは脱力をして理に合った振り方をせよという訓えである。今までに私が知った中で軽い竹刀を重く振ったのは野間寅雄さんであり、反対に重い竹刀を軽く使ったのは羽賀準ちゃんであった。どちらも天下無双の名人である。

世間の人は恐ろしくてそばに寄れないと彼を敬遠したが、人間性は極めて磊落であり、飲んで笑った笑顔はまさに千両であった。

私が彼の歩き方をほめた時、彼が「正ちゃん、君もそこが分かれば大したものだ」と逆に私をほめてくれたことがある。彼は「今の人達は道場で一時間稽古をやれば、それでもう稽古は終ったと思っている。とんでもないことで、そんなことで強くなる道理がない。四六時中が稽古であり、一歩一歩の中に修錬がある」と言った。

ああいう豪放な荒武者でもそんな繊細な神経が働いていたのかと本当に頭の下がる思いであった。

昭和の平手造酒は死んだが、彼の異名と実績はいつまでも語り継がれて行くであろう。

吉瀬善五郎

福岡県の南部を流れる筑後川の中流に田主丸という裕福な町がある。葡萄で有名な巨峰の原産地である。この田主丸に武徳館という古い剣道の道場があり、ここの初代館長さんが吉瀬先生である。私は中学時代に何度も武徳館に行ったが、先生に直接御指導を頂いたことはなかった。先生は長身で洵《まこと》に温厚なお人柄であり、本当によく子供を可愛がって下さったことは今でもはっきり覚えている。その田主丸武徳館に育った江上後郎君が今でもよく吉瀬先生の話をする。善五郎先生は素朴な好々爺であり教えも極めて分かり易かった。

○青年よ青年よ赤旗振らずに竹刀振れ
○青年よ青年よ銭を使わず撃剣使え

いずれも飾り気のない平易なものであるが、子供の心理をとらえて、その指導の精神だけは実によく表現されている。

「赤旗振らずに竹刀振れ」「銭を使わず撃剣使え」などまことに言いえて切なるかなの青年への戒めである。

田主丸武徳館からは中野宗助、田中知一、中村藤吉等の大先生を始め多くの名剣士を生んでいる。吉瀬先生こそは二宮尊徳のような実践躬行の篤士であり、徳行の先駆者である。

今の世に吉瀬先生のような立派な指導者が居られたら今日のような非行少年も出来なかったであろうし、乱倫無道の社会も生まれなかっただろうと残念でならない。

剣道の道場は算数塾や算盤《そろばん》塾と違ってまさに子供を鍛える精神塾である。現在、剣道の道場を指導される先生方は皆その気位と責任とをもって奉仕して頂いているのである。

改めて敬意を表し感謝申し上げなければならない。

そして私は、こうした善五郎精神の道場教育が全国の津々浦々にまで栄えていくことを心から祈念してやまないものであり、その祈りが実現してこそ初めて日本剣道の復活と言えるであろう。

中村彦太

先生は全日本剣道道場連盟副会長・現修道館長中村鶴治先生の御尊父であり、私は一度も拝顔の栄に接したことはないが、故北川信芳先生から常にその雄偉なる人材と卓越した献身報国の実績を承り、蔭ながら尊敬の念を抱いていた。

北川先生に帯同されて幾度か中野の修道館にお邪魔したが、道場の雰囲気と言い、その指導方針と言い、聞きしに勝る立派さであり、さすがは中村彦太先生の遺業だと感銘一入《ひとしお》なるものがあった。二代目館長中村鶴治先生は厳父の偉業を継承され、更にその領域を拡大されて、武の発祥地鹿島の聖域に鹿島神武殿を建設され、修道館の姉妹館として隆々の発展を期し、益々剣道報国の一念に燃えて青少年育成に更に一段と挺身して頂いている。

私は幸いにして昨夏、玉川大学の学生と共に鹿島神武殿に合宿することを許され、一週間に亘り親しくその雰囲気に接し、広大なる道場で明け暮れの修錬を積むことが出来て、学生共々心身の新たなるものを覚えている。

ここには実に素晴しい「館則」があり「門下生誓いの言葉」があり、どの一つをとっても剣道修行者の心の糧《かて》とならざるものはない。

特にその根本は「国家興隆の基は剛健なる青少年の育成にあり」という大誓願であり、この簡単な一行の中に国家を案じ、青少年を思う館長の赤心がにじみ出て一入の感激である。また道場の前に大きな石碑が建てられ初代館長中村彦太先生の賦《ふ》が石底深く刻みこまれている。

○剣術を使う人程馬鹿はなし
　頭たたかれ礼を言うなり
○馬鹿が居りあこそ御国が保つ
　国を亡ぼす利巧者

全く素朴な歌の中に奉仕と報国の信念がにじみ出ている。剣道人は自分の生身《なまみ》を打たせ、それで子供を褒《ほ》めながら育てていく。全く献身と奉仕の麗《うるわ》しい精神である。

更に最近は利己主義の利巧者が多くなり、社会は乱れ道徳は低下して国全体が危機に瀕している。こういう時にこそ剣道をやる者が馬鹿になり、下積みとなって国を救えという戒めであろうが、実に有難い教えであり、剣を執《と》る者のひとしく実践すべき箴言《しんげん》であろう。

昔から剣道には「杉楠の訓え」というのがある。楠《くす》の木は上に一寸伸びれば根も一寸張り、上に二寸のびれば、根もまた二寸張るという具合に常に上の幹と下の根の均衡がとれるから、どんな大風が来ても決して吹き倒されることはない。ところが杉の木は上に伸びるばかりで根を張ることを知らないから、少し強い風が吹いてもすぐに吹き倒されてしまう。剣道もこれと全く同じであり、ただ技術だけの上達を望み肝心の精神を培うことを忘れたら、少しの難局にあってもすぐに吹き倒され挫折してしまう。だから剣道の修行は技よりも心の鍛錬を先にすべきだとの訓えであるが、こうした心身両面に亘る剣道教育は殆んど影をひそめ、今この精神が残っているのは道場教育だけではあるまいか。

学校教育こそこの精神が最も大事であるが、残念ながらそうした教育は薄れてしまった感じである。

特に中学校では一般体育の先生が剣道を指導されるため、とてもそこまでは手が届かないというのがその実情であろう。

そこへいくと全国の剣道の道場には皆一流の先生がおられて、極めて懇切な指導がなされている。だから今日の日本剣道の根は道場教育にありと言っても決して過言ではなかろうし、ここに重点を置かなければ日本剣道はたちどころに枯れ果ててしまう恐れがある。

私はもう十何年も前から全剣連に対して、中学校教育と道場教育に就《つい》ては、その全機能全能力を傾注してこれを支援しなければ、日本剣道はこのまま亡びてしまうであろうと何度もお願いして来たが今からでも遅くはあるまい。

全国には修道館のように全く奉仕の精神で剣道教育をやっておられる所が多い。その赤誠に感謝し、現在停滞しているもろもろの行政的歪みを正し、全国的指導の盲点に手を差しのべ、物心両面に亘る援助が今なされなければならない。

幸いにして修道館には徳操高い加藤武徳先生が名誉館長であり、故中村彦太先生の素志を継ぎ政治的にも精神的にも一層の誘掖《ゆうえき》御教導を賜りたいと心から念願する。

かくして全国の剣道道場を豊かに健全に育てていくことこそ日本剣道を更に大ならしめるゆえんであろう。

佐藤貞雄

先生は越後に生れ、現地で今井常固先生に真心影流の手ほどきを受け、後上京して修道学院に学び、高野門下の高足として知られている。私は先生が皇宮警察の主席師範の頃から御親交を頂いているが、あの頃は物凄い気力の稽古であり面の中から鋭い目が光っていた。背は小さかったが人呼んで〝つい立て市兵衛〟と言ったくらい肩幅の広いがっちりとした偉丈夫であった。若い時は上段が得意で、上段からの小手は実に歯切れのいい見事な技であり、試合も大抵小手で勝っておられた。皇宮警察という格式ある剣道部の主席師範であっただけに常に服装に留意され、マナーもよく、刀剣鑑定などの教養も高かった。清廉潔白ということはよく武人に使われる言葉であるが、先生こそはまさに清廉潔白のお手本であり、右に偏せず左に片寄らず常に中正の道を誤らぬ謙譲の名剣士であった。

玉川大学では初代学長小原国芳先生が佐藤先生の人となりにすっかり傾倒され、先生を深く尊敬され厚く遇せられた。私はここに佐藤先生の立派さがあり偉大さがあると思う。

仮にも責任ある剣道の師範であるならば、その上司から全幅の信頼を受ける程の人格と実力とを併せ持たなければならないと思う。

私が現在玉川大学にお世話になっているのも実は佐藤先生の陰のお力添えによるものであり、私は先生の心魂の清らかさに強く心服し心から感謝申し上げている。

剣道界では学校でも警察でも勢力争いがはげしく、佐藤先生のように誰からも頼まれないのに、進んで私如きを師範に推薦して頂くというようなことは、とても考えられないことである。仮に学長が私を採用したいと思っても「あれは駄目です」と排斥するのが剣道界の常識であるが、それを自ら進んで「井上をとれ」と学長に推薦して下さるとは本当に頭の下がる程有難いことである。

私は決して自分が地位を得たいためにこんなことを言っているのではない。年齢的にも余り変らないうるさ型の私をなぜ先生が大学に推薦して下さったのか、その心根が有難いし、その御真情が嬉しいのである。

佐藤先生が私に言われたことは「小原国芳という初代学長は稀代の教育家であり、よい先生ならばどしどし大学に連れて来て下さい、といつも言っておられた。だから現学長もそうした信念であり、私があなたを推薦したのもそんな理由からですから是非、玉川に来て下さい」という何のかざりも偽りもない真情の吐露であった。何という美しいお言葉であろうかと本当に涙の出るほど嬉しかった。

実際のところ私は月給など一銭もいらない。ただそのお言葉だけが嬉しくて千金にも勝る有難さを感ずるものである。

その上、現学長が道場までお運び頂いたことにもいたく感激したし、そのご誠意にもお応えしなければならないと思った。お蔭様で今、私は極楽のような生活である。剣道に対する大学の理解は深く、学生は最高だし、剣道教育とはこんなにも楽しいものかと日々の自分の生活とその境遇に感謝している。

私がまるで自己宣伝のようなことを憶面もなく書いたのは、利己主義と権力闘争のはげしい世の中にも、陰にはこんな至純な花も咲き、こんな素晴しい実もなっていることを皆さんに知って頂きたいと思ったからである。

世の中は手を取り合って楽しくやるか、それとも足を引っ張り合っていがみ合うかのどちらかである。

佐藤先生のように陰から人を立てる譲り合いの精神ができたら、世の中はどんなに麗しくなるであろうか。

佐藤先生の美しい魂こそ武人の鑑《かがみ》であり、剣道界の誇りとして永遠に世に生きることを心から祈るものである。

三橋秀三

「世に剣道の指導者や高段者の数は多いが、三橋先生ほど文武兼備の卓越した指導者は極めて少なかったように私は思う。

先生は資性磊落にして小事にこだわらぬ奔放なご性格であったが、その半面また極めて緻密であり、特に科学性に富んだ学究的な側面は得難い剣道界の至宝として一段と強く剣道人に尊敬されていた。

先生はすべての点に於て勝れた天稟《ぴん》に恵まれ、更にその上、たゆまぬ研究と努力を積まれ、実に素晴しい現代剣道のシナリオを書いて下さった。

先生の高著『剣道』は従来の剣道に理論的解明を加え、更に科学的分析を織りこんで集大成された日本剣道の精神であり、まさに現代剣道の聖典とも言うべきものであろう。……」

以上は三橋先生の遺稿集『不動智』の巻頭に書いた私の所見であるが、先生はまさしく現代剣道界が持った最高の指導者であり、先生の逝去はまさに日本剣道の挫折であり、剣道衰退の前兆でもあった。

先生の持論の一つは「何でも最高を見よ」ということであり芸術でもスポーツでも世界一の最高を見てその精髄を学べというのが先生の強い信念であった。洵にその通りであり、刀剣でも最高の銘刀を見なければ、鈍刀をいくら見ても刀の目利《き》きにはならないと言われている。

剣道など特にそうであり、足軽稽古や下郎技をいくら見ても大納言の剣風は生まれない。

もう一つ三橋先生のお言葉で忘れえないことは、持田先生に対する先生の考察であった。

「持田先生は当代無双の名剣士であり、人間的にも最高の人であるが、たった一つだけ残念なことがある」と言われた。「それは何ですか」と聞いたら「持田先生は自分の持っているものを後代に伝えられなかった」と。なる程そうかも知れない。然しこれは持田先生のご性格であり、先生は私如きがお尋ねしても人の前では決してその欠点を言われなかった。「いやいやご立派です」と言われるだけであったが、一人になると色々な事を教えて下さった。三橋先生は高野先生の茶坊主をやり「親爺は何を聞いても即答出来ないことは何一つなかった」というのが先生の誇りでもあり、高野先生に対する尊敬でもあった。三橋先生は決して高野先生と持田先生とを対比して言われたことではないが、結果的には持田先生に更に強く深く遠慮ない訓えを頂きたいという気持で一杯であったのであろうと想像される。今、私共もこれに似た悩みは沢山ある。人に聞かれれば自分の知っているだけはお答えするが、聞かれない事まで口出しするのはやるべきでないという消極的気持が一部に残っている。

昔から「芸は盗むものだ」という教えがあるのは、何もかも教えないで自ら師匠の芸を盗むくらいの研究心を持てということである。

柳生流でも「芸は秘するに非ず、秘するは知らせんが為なり」と言っている。ここらあたりが現代教育のむつかしいところであり、教育とはどの辺まで踏みこむべきかということが現在の私共の悩みであり剣道教育の今日的課題であろう。

なるほど三橋先生は自分の研究を新聞雑誌にも発表され、剣道に関する著書も多い。かくて自らの蓄積は全部後代に伝えられたが、今度は逆にこれを学ぶべき後輩の方に積極性が乏しいし、勉強も足りないように感じられる。これでは日本剣道は先細りで、そのよさは次第に減耗するであろう。

須《すべか》らく三橋精神を体して、すべてを科学的に、すべてを理論的に研究しなければならない。その積極的研究が日本剣道を永遠ならしめる原動力となるものである。

高野弘正

先生は人も知る高野佐三郎先生の御曹子であり小野派一刀流の宗家である。剣の天稟と素晴しい文才と更に高い教養で早くから剣道界を離れてアメリカに留学し、芸能界にも進出された。有名な『大菩薩峠』をはじめ多くの映画にも武術考証として参画され、その名は剣道よりもむしろ文化人としての誉れの方が高かった。著書も多く、先生が最後に書かれた『剣道読本』には乞われるままに書いた私の小さな序文が載っている。その末節の一部を借りて先生晩年の心境をお伝えしたい。

「〝先覚者は常に孤独である〟というたとえ通り、先生の卓見を理解し、その遠大なる理想実現に協力出来る剣道人は極めて少なかった。先生は常に俗塵をさけて鎌倉稲村ヶ崎にこもり、静かに風月を楽しみ、文筆に親しんでおられます。江の島を指呼の間に望み、太平洋の波涛を枕頭に聞き、一世の名剣士高野弘正先生は、今何を回想し、何を世に問はんとされているのであろうか……」

剣道家としてはまさに波瀾万丈のうねりの多い生涯であったが、最後に稲村ヶ崎に御見舞に行った時「正ちゃん、撃剣屋にはなるなよ」というひとことが先生最後のお言葉であった。弘正先生には色々とご薫陶頂いたことが多かったが、今でも鮮烈に覚えている厳粛な事実が一つある。

皇紀二千六百年を寿《ことほ》ぐ橿原神宮の奉納剣道大会の時であった。その開会式に日本剣道形を打太刀佐藤卯吉、仕太刀高野弘正の両先生で演武されたが、二本目の時に高野先生はどう勘違いされたのか、小手を打って上段で残心を示された。満堂がワッとざわついたが、高野先生は眉一つ動かさず実に堂々と最後まで立派にやりとげられた。私がその時感じた事は、自分だったらあの晴れの大会で、あんな大きな間違いをしたら、顔が真赤《まっか》になり手足がふるえて、とてもあとをやる勇気も判断もつかなかったであろうが、高野先生はそれこそ眉毛一つ動かさず顔色一つ変えず実に堂々とやりおおせられたことは洵に見事であり天晴《あっぱ》れであった。「その時弁慶少しも騒がず」という勧進帳を思わせる一世の名場面であった。

あとで弘正先生に聞いたら「形は生き物」だと言われた。相手の打ち方、退き方、その間合の取り方によって残心も自ら変るものだというご意見のようであったが、形の極致はなる程そうであろうが、我々にはとても真似《まね》の出来ない芸当である。

そう言えば京都の内藤先生もよく形を間違えられたそうであるが、先生自身は間違った事さえ気付かれなかった風であったと津崎先生が話しておられた。

その頃、京都では形を間違えると「君もだいぶ剣道が分かって来た。内藤先生に似て来たようだ」とひやかされたそうである。

形は筋道よりも理合が大事だということであろうが、私は今でも弘正先生のあの信念と言うか度胸と言うか大変に臨んでいささかも動ぜぬ心境をこの上なく貴いと思っている。

そしてその不動の心境に到達するのが剣道修行の目的であり、武蔵の言う「巌の身」の極致でもあろうと思う。

中野八十二

中野君（以下敬称略）と私とは東京高師の同級生である。

私は医者になれという親爺の命令で京都の予備校でぶらぶらしていたので、年は中野より上であり都会ずれもしていた。

もともと私は東京高師に行こうなどとは思っていなかったが、その頃どういうわけか東京高師だけが十二月に試験があった。中学時代の恩師が牛込におられたので、その先生に会いたくて東京に行った序《ついで》に受験した格好である。

その間、色々ないきさつはあったが、とにかく中野も私も無事、高師に合格した。入学試験の時は私は紺サージの洋服を着ていたが、中野は小倉服のつっぱげた洋服に袖口が破れて下から縞のシャツがのぞいていた。後代中野は天下の名剣士になったが、入学当時は私の方が上鳥《うわとり》で、田舎から出て来たばかりの中野はいつも私のしりについて回っていた。本当に純情であり誠実であり誰にも好かれる性格であったが、私とは特に気が合って兄弟以上の親密さであった。

中野と私との交友録は思い出すだけでも楽しい事ばかりであり、考えればあの頃は本当によき時代であったと思う。

中野は新潟の新発田《しばた》から出て来た純朴な青年で東京のことは何も知らなかったし、私も勿論知らなかったが、中野よりは少しはましであり、紺サージの手前、何でも知ったかぶりをして中野を連れて回った。

最初に行ったのが学校の裏門の所にある「竹の家」というそば屋であった。

定価表を見て中野が「生《なま》そばとは何だ」と聞いた。それはなまそばでなくて、きそばと言うんだと、この辺まではまだ私の知識で間に合ったが、愈々《いよいよ》注文する段になると定価表だけでは中身が分からない。中野は何でもいいから君が食べるものを俺も喰うと言う。そこで安くて腹のふとりそうなざるの大盛りを注文した。

私は田舎者でもざるの食べ方ぐらい知っていたが、中野はいきなりつゆをざるそばの上にかけてしまったからたまらない。

中野はそばの箱を高く持ち上げて、このそばは漏《も》るぞもるぞと大騒ぎである。

あとで寮の中で中野の漏《も》りそばというのがはやった。竹岡という柔道部のやつが見ていてみんなに言いふらしたらしい。当時は「竹の家」の盛りそばでなくて中野の漏りそばを喰いに行こうかというのがはやったくらいである。中野はそんな純情な男だから酒も飲まないし吉原にも行かない。二人で「宝亭」という小さなレストランでビールを飲むくらいが関の山であった。

ある時二人で飲んで、おけさなどを歌って帰る途中、中野が何か紙切れを喰いちぎっては天に向って吐き出し、何度かそれをくり返していた事は私もよく覚えている。

昔は所々に電柱が立っていてそこに小さな電燈がともっていたが、その下まで来た時、中野が急に大声を上げて大変だ大変だと叫んだ。何事かと聞いたら、今まで喰いちぎって捨てたのは、ありゃあ五円札だったと言う。今でこそ五円ぐらいは子供も拾わない金額であるが、その頃は一円足らずの会費で腹一杯飲んだり食ったり出来た時代である。本当に大変だと二人で喰いちぎった五円札のきれはしを拾い集めた。暗やみのことではあり、とても全部を拾い集めることは出来なかったが、大部分は回収出来たようである。然し喰いちぎった五円札が社会に通用する筈がない。田口という果物屋さんに聞いたら「日本銀行に行けば換えてくれるかも知れませんよ」と言う。然し喰いちぎった五円札と日本銀行とでは余りにも感覚の落差が大きすぎる。然し中野は行くと言う。それ程、当時の五円札は高大だったのである。日本銀行には勿論、私がついて行った。

あっちに行け、こっちに行けと言う銀行員の指図通りに行動して、最後はこの紙に五円札の破れたのを全部貼りなさいと言う。二人であるだけのものを一枚の紙に貼ったら幸いなことに肝心の所が残っているので新札と交換しますということで、手の切れるような五円札をくれた。さあまた大変である。今度は天から降ったような五円札をどうするかということである。中野は恐縮して何か私におごると言う。

それでは三越に行こうと、すぐ目の前の三越に行った。エレベーターで食堂まで上がって来たが何を食べてよいのか分からない。またしても定価表を入念に見て最初に親子丼を食べ、次に一番安い林檎を注文した。林檎が一番安くて五銭であった。

注文したらすぐ持って来たが、その頃フィンガーボールと言って指を洗う水の入った銀の器がついていた。中野が「これはどうするんだ」と聞くが私も知らないから、それは飲むんだと言ったら中野が片手でぐっと一息に飲んで「おかわり」と言った。

フィンガーボールを飲んだ人もないし、おかわりを注文した人も三越始まって以来のことであったであろう。

こんな中野と私の弥次喜多談義は尽きないが、最後は笑えないような哀愁の一幕もあった。

学生時代に私は陸上の選手をやり中野は水泳部の重鎮であった。二人とも一人二役の忙しい体であったが、どちらも剣道だけは真面目にやった。あの頃は軍事教練の華やかなりし頃で、他の学科はさぼっても軍事教練だけはさぼれなかった。然し教練学科の講義は体育科全体が集まるので代返も出来たし、器用な学生は声色《こわいろ》を変えて三人分ぐらいの代返もやった。

私も学科をさぼる気持はないが、何かの時間をさいて練習しなければ他の大学の選手にはとても勝つことは出来なかった。そのため教練の学科の時だけは中野に頼んで代返をして貰い、その時間に私は飛鳥山まで走っていた。

そうして事なくすんだ教練の講義であったが、蹉跌は思わぬ時にやって来た。

その頃、私共剣道科の卒業生は修身、教育、生理及び衛生、体操、剣道の五つの中等学校の免許状を貰っていた。然し私共の卒業年次から体操の免許が二つに分かれて体操と教練とになった。文部省の免許状は卒業式の当日に頂戴するが、貰ったのを見れば中野の免許状には教練の免許がない。

恐らく事務の方の手落ちであろうと二人で事務局に行った。その当時の事務員は文部事務官とか言ってとても威張っていたし、言葉使いも横柄であった。その事を尋ねると、「なに中野。君は免許状はないんだ。今年から体操と教練に分かれたから教練の免許状を貰ったのは剣道では一人だけだ」とまるで叱りつけるように言う。

だが待てよ。そうなると剣道科で教練の免許状を貰った者は井上ただ一人ということになる。いつも代返をしてくれた中野の方は駄目だということになれば、これはどうしてもそろばんに合わないことであり合点のいかない話である。

中野は何とも思っていないが、私は心苦しくて仕方がない。仮にも修身教育のお墨付きを頂戴した者が代返で教練の免許状を貰ったとあっては第一、文部省に対して相すまないし、中野に対しても義理が悪いし友情がすたる。私は教練の免許状など全然いらないし、中野に貰ってもらいたい気持で一杯であるが、もうどうにもならない結果になってしまった。私が今まで誰にも言わなったことを何もかも白状して自己批判をしたのも、人様の前で懺悔《ざんげ》して我が罪障消滅を願い、中野の陰の人徳を知って貰いたい為であった。

かくて中野は陰日向《かげひなた》なく努力し、卒業の時は誰しも羨《うらや》む水泳初段を允許された。

あの頃、体育科の学生は水泳が四級にならなければ卒業出来なかったし、泳法も観海流とか神伝流とかいう古式泳法が主流をなし、私共は水府流を習った。初段と言えばいかにも下段者のようであるが、水泳で初段と言えば剣道では四段か五段の実力であり、学生には滅多《めった》にいなかった。当時は水泳の一級が剣道の三段ぐらいの値打ちがあったようで、一級以上は「遊泳術指導の資格ある者と認む」という別の免許状が出ていた。中野は堂々たる実力初段であったが、私は中野の感化を受けてやっとお情け一級で卒業した。何もかにも中野の友情のおかげであった。

中野は卒業後、天下の剣聖持田先生のお嬢さんと結婚し、教育大学の教授となり、人も羨む剣道人最高の道を歩いた。

各種大会にも優勝し、行政の中枢にも入り、剣道界に無くてはならぬ人材として八面六臂の勇を振っていたが、天は二物を与えず、遂に昭和六十年十月、帰らぬ人となってしまった。享年まさに七十五才の働き盛りであり、愈々《いよいよ》これからという人生総仕上げの時期に逝去したことは本人にとっても日本剣道界のためにも惜しみても尚余りある痛恨事であった。

彼の剣道界に於ける活躍やその業績は人のあまねく知るところであり、私はただ人に知られざる純情の美を拾い、その誠実を偲《しの》び、その真姿をそのまま伝えたいと思っただけである。

剣道を離れた裏面史であり、剣道的興趣はなくても、中野の人となりを偲ぶよすがとはなろうし、当時の学生生活がどんなものであったかを回想する資料にはなるであろう。

時代が流れ人が変り、教育の在り方にも剣道の姿にもまた大いなる変遷があったが、中野のような清純にして誠実なる人間性はいつまでも剣道界の宝として残さなければならないし、また彼のような教養高い名剣士の出現を心から祈念してやまないものである。

空の巻

武蔵は「まよひの雲」の晴れたる所こそ実の空と知るべきなりとして万理一空を説き、勝負を超越した清澄の心境を説いている。

我々も又さまざまな修行を積み、幾多の困難を克服して行き着く所は万理一空の境地でなければなるまい。

私はこの章に於て人生流転の姿と剣の絆《きずな》を脱した人の在り方を流れる雲の如く思いつく儘《まま》のべてみたい。

武蔵の『独行道』には断片的ながら剣の理を以て人生を律せんとする尊い教えが流れている。その細流を集めて口をそそぎ、心を洗い、人間自然の在り方を探ねてみたいと思う。

道具をはずしたゆかたがけの人生であり、道場を離れた人生広場の裸の躍動である。

無

武蔵は「空《くう》は無きなり」と僻頭に書いているが、空と無とは哲学的には或いは異る意味があるかもしれない。

然し兵法の道に於ては「無」という字が多く使われ、流儀流派の呼称にも無刀流、無外流、無眼流等の流名が多い。そして無の境地こそ兵法至極の妙境として古来最も貴ばれて来た。兵法で言う「無」とは驚懼疑惑の剣の四病を取り去った空の境地であり、人生に於ても最も高く評価さるべき処世の妙境であろう。無の境地については古来さまざまな訓えや寓話がある。

山岡鉄舟がかつて七代目首切浅右衛門に「貴職は永年に亘り多くの人の首を切られたが、今までに何か心に障《さわ》るとか、気の迷いとかで切りにくいということはなかったか」と尋ねられた。その時、首切り浅右衛門は、「今までに多くの人の仕打ちをしたが、たった二度だけどうしても刀が振り下せなかったことがあった。それは鼠小僧次郎吉と花魁《おいらん》花鳥太夫のお仕置の時で、二人とも首の座に着いたまま、みじろぎもせず、全く仏の姿で神色自若たるものがあった。下にいる者が悪人と思えばこそ首が打てるので、全く無心の境にある仏様に対して刀を振うことは出来なかった」と言った。鉄舟ははたと膝を打って「そこだッ」「無だ」と叫び、無こそ無敵だと、その心境に深く感銘するものがあった。鉄舟の無刀流もその原点は恐らくこうした心境に基くものであろう。

また武蔵がかつて伊勢路の遊女に「その妙なる音《ね》はどこから出るのか」とたずねた時、遊女は三味線の皮を裂いて中を見せた。「中は空でございます。空なればこそ心の儘《まま》にさまざまの妙なる音をかなでることが出来まする」と答えた。或いはフィクションであるかも知れないが、迷いの雲の晴れたる空の尊さを実に克明に訓えている。

剣の道に於て無の境地、空の位にまで到達出来る人は極めて寥々たるものであろう。しかしその境地にまで到達しようと努力するところに剣の修行があり、人生勉強があるものと私は思う。

『独行道』は武蔵の剣の極致を表現したものであり、空の位を断片的に述べたものである。その心境を学び人生の軌範とすれば「武蔵の剣徳」また今日に及ぶと言うべきであろう。

「身を軽く思ひ世を重く思ふべし」　武蔵

これは我が身を犠牲にしても世のため人のために尽せという武士道精神を教えたものである。

武士道はその最も華やかだった鎌倉時代に於ては「君の御馬前において討死すること」が最高の道徳であったが、時代が流れて徳川の末期には吉田松陰が武士道を士道と呼び天下万民の守るべき道徳的規範だと強調し、その思想的領域を更に広め、その実践行動を一段と大衆化していった。この犠牲的精神が武蔵の言う「身を軽く思い世を重く思ふべし」の真髄である。『葉隠』にも「大慈悲心を起し、人のために尽すべきこと」とあり、御家を一人で背負う覚悟が大事だと教えている。

ところが最近の世相は私利私欲の跋扈横行ばかりであり、道もなければ徳もない。ただあるものは自己優先の保身主義と出世オンリーの利己主義だけである。

徳川時代の武士道は単に武士階級のみならず士農工商の各階各層に浸透し、現代人の亀鑑《きかん》となるべき誠忠義烈の士も枚挙に遑《いとま》がない。

『忠臣蔵』で有名な天野屋利兵衛は朝な夕なの責め折檻《せっかん》にあい、最後は自分の妻子が目の前で火あぶりの刑に処せられても決して大石の名を言わなかった。「天野屋利兵衛は男でござる」と算盤《そろばん》岩の責苦の下から血を吐く思いの一言はまさに男の魂の凝集であり、日本人の血の叫びとも言うべきものであろう。

佐倉宗吾は領民の貧苦を救うため、将軍に直訴して妻女もろとも磔《はりつけ》の刑に処せられ四人の子供は皆死罪になった。

「庄屋は領民のために死ねばいい」というひたすら世のため人のためを念ずる至純至情の心根こそ、今なお佐倉義民伝として多くの人の紅涙を絞るゆえんであろう。

政治家中野正剛は日本を救うために軍部に抗して割腹自殺し、作家三島由紀夫は日本の将来を憂えて市ヶ谷台上に獅子吼して散った。いずれも身を軽く思い、世を重く思う至誠の表われであり、この犠牲的精神こそ今日に於て最も強烈に生かされるべき国民的道徳であり、最も昂揚さるべき伝統の日本精神い精神の片鱗でも学ばせなければならないと痛感する。

「身に楽をたくまず」

武蔵

人間誰しも労少なくして効多きを望むものであり、剣道人は労少なくして試合に勝ち、努力せずして昇段することを望もうとするが、そんな虫のいい話が世間に通る筈がない。

自ら進んで苦に就《つ》き難を求める精神が貴いし、その気力あってこそ初めて困難を克服し、高い目的の貫徹も出来るのである。

剣道には「突は出て受けよ」という鉄則がある。突は怖いから、つい退ってよけようとするが、そうすれば突はどこまでもついて来て遂には相手から突き倒されてしまう。

ところが相手が突と見せた時に、さあ来いと一歩出れば突は必ずそれるし絶対にあたらない。これが突に対応する秘訣であり、こうした困難への体当り精神が処世の大道である。

昔から「荒馬の手綱は前からとれ」と言われているし「割り木は節から割れ」とも教えられている。困難なる事からやれという訓えであり、むつかしい事から逃げ出してはならないという戒めである。

人の念仏では極楽には行けないし、自分の道は自分で切り開かなければならない。身に楽をしようとたくらめば、つい近道をしたくなる。近路は往々にして迷路であり、迷路は本道には通じない。

「カセット栄えて芸道亡ぶ」のたとえ通り、楽をして芸の真髄が学べる道理がない。

芸道のきびしさは百も承知しながら、そのきびしさを避けて楽をしようとするところに芸道の堕落がある。

「苦労は薬だ買うてものめ」と古人は教えているが、特に現代人はこの苦労の効用を知らねばならぬ。山中鹿之助の言を借りて言えば「憂き事の尚この上に積れかし……」であり「神よ七難八苦を与え給え」と苦難に挑む積極性がなければならない。武蔵の言う「身に楽をたくまぬ」精神こそ出世の糸口であり、成功への王道である。

「一生の間欲心なし」　武蔵

人間は欲の権化《ごんげ》であり誰しも欲心のない者はいない。しかしその中には意欲と物欲とがあり「あれをやり遂げよう」とする積極的意欲は貴いが「あれも欲しい、これも欲しい」という物欲は欲ばりであり外道《げどう》である。

世に「立って半畳、寝て一畳、天下取っても二合半」という警句がある。人間は立っておれば半畳あればいいし、寝ても一畳あれば事足りる。たとえ天下を取って位人臣を極めても一度に二合半も食べれば、それで満腹であり、それ以上はもう何にもいらない。

これが人間の限界であり、その限界を越えてまで余り大きな我欲を起すなという訓えである。ところが人間の欲望には際限がなく「世の中は一つ叶えば又二つ。三つ四つ五つ六つかしきかな」で物欲には際限がない。

それを戒めるためかどうか知らないが、商家にはよくこんな字が書いてある。

五
矢足隹

(吾唯足るを知る)。知足安分ということであろうが、足るを知って分に安んずることが人間の教養であり「上見て働け、下見て嘗せ」の心がけが人生の哲理であり、長い旅路の一番よい道づれであろう。

武蔵の一生も、ただ強くなろうとする意欲は人一倍強かったが、終生妻をめとらず仕官もせず世俗の物欲とは全く無関係であった。

その高潔なる誇りが武蔵の生涯を更に孤高にし、更に神秘化して人に憧憬される素因を作ったものであろう。

「神仏は敬して祈らず」　武蔵

武蔵が吉岡一門との戦いに臨む時、とある神社の前を通り武運長久を祈ろうと鰐口の綱を握った瞬間「いや待て、自分は日頃信心もしないのに、この場に及んで神におすがりするとは卑怯である」と取った鰐口の手をはなし潔く戦いの場に急いだ。

この心境が武蔵をして「神仏は敬して祈らず」と言わしめたものであろう。

昔から「苦しい時の神だのみ」ということがあるが、誰しも苦しくなれば神仏の加護によって何とかその苦境を脱しようとする。

湯島天神に行けば学業祈願の木札がたくさんぶら下がっている。大学の名前を五つも六つも書いて、右から順番に合格させて下さいと書いてあるのもあれば、沢山の学校名を書いて、どれでも神様のお気に召した大学に入れて下さいと書いたものもある。とても正気の沙汰とは思えぬ滑稽なことであるが、本人にしてみれば実に真剣であり、命がけの神だのみである。

この純情真剣な祈りは貴いが「神霊は非礼を受けず」とも言われるように、日頃は勉強もせずに試験の時だけの神だのみでは、どんな神様でもその願いをお聞き届け下さる筈がない。「心だに誠の道に叶いなば、祈らずとても神やもるらん」という御製にもあるように平素の心がけが大事であり、誠の道に叶う日常の行動が大切である。

苦しい時は藁《わら》をも摑む心になるのが人間の情であろうが、武蔵のように常に神を敬して神を頼らぬ心こそ大事であり、その敬神の心が誠の道に叶い、祈らずとても神がお守り下さる結果になるのであろう。その場に臨んでの神だのみよりも日頃の心の持ち方、敬神の情にこそ天祐もあり神助もあるものだと言わなければならない。

日頃の敬神努力こそは日常至誠の凝集であり、神意に叶う最高の祈りと言うべきであろう。

「道のために死を惜まず」　武蔵

道とは人の道であり正義である。

正義を貫くためには私利私欲を滅し身命を賭してやれというのが武蔵の信念である。

昔の武士道も葉隠精神も実に貴いと思うことは、正義のためには身命を惜しむなという精神であり、又自らその実践者であったからである。茶道には「茶の五徳」というのがあり、その中に「臨終に乱れず」の一条がある。茶匠や茶人の心がけとしてはいささか縁遠い感じもするが、利休はこれを自ら実行して茶道の道の尊厳さを示した。

利休が豊太閤に切腹を仰言《おおせ》つかった時、妻のりきは今、命乞いをしたらいかがですかと泣いて進言した。その時、利休は命乞いをすれば助かるかも知れない。しかしそうすれば「利休の茶はその瞬間に死に、茶道は永遠に亡びる」と言って自ら白刃をとった。

何と言う尊厳な言葉であろうか。

茶の宗匠にしてこの覚悟があるとは洵《まこと》に恐るべき信念であり、想像を絶した茶道精神の極致である。

武士道は戦陣に咲いた生死の花であり、茶道は畳の上に芽生えた静寂な侘《わ》びの花である。いずれも道に於て死をいとわぬ心根は貴いが、特に畳の上の死生観は実に得難いものであり、この上なく崇高なものに感じられる。

あの和敬静寂を心とする茶道の中にこんな凄烈な気が養われるのかと道の貴さを知り、修行の尊厳をしみじみと教えられる利休凄絶の一閃であり、我々剣道人の肺腑を抉《えぐ》る反省と慚愧《ざんき》の寸鉄である。

「頼れるものは腰の一剣」　武蔵

武蔵はいかなる場合でも決して人に頼らず、いかに大勢の敵と戦うとも絶対に人の力を借りることはしなかった。

吉岡又七郎との戦に於ても相手は八十数名に及ぶ大敵であり、半弓や槍襖の準備までしていたのに武蔵は供もつれず助勢も頼まずただ一人で死地に乗りこんだ。

最後に頼れるものは自分一人であり、腰の一剣だけであるという強い信念に燃えていたのである。その「人に頼らぬ」独立自尊の心が常に腰の一剣を磨き、六十余度の仕合にも見事な勝利を収めることが出来たのであろう。

最近は親の七光と言い、閨閥と言い、学歴と言って常にその背景をなしてこれを支援する多くの人々の合力によって世渡りの道を拓《ひら》こうとする人もある。

「くれそうなものとは怪《け ち》な憤り」という川柳があったが、ああもしてくれそうなものだ、こうもしてくれそうなものだと、ただ徒《いたず》らに人の同情と支援だけを空だのみにしている人も多い。しかしそんな他力本願では成功もしなければ出世も出来ない。

「杖《つえ》にすがるとも人にすがるな」ということがある。杖は自分のものであり最後の頼りにはなるかもしれないが人様にすがるのは間違いのもとである。私の田舎には「あて事と褌《ふんどし》は向こうからはずれる」という俗語があるが、人をあてにすることは間違いのもとであり、人をあてにすれば思うことは皆んな向うからはずれて行く。

西郷隆盛は「人を相手にせず天を相手にせよ」と言ったが、これはまさかの時には人はあてにならないものだという戒《いまし》めである。連合軍が弱いのは人をあてにして自らの力を十分発揮しないからである。背水の陣が強いのは頼れるものは自分の力だけだという究極の死地に追いつめられているからである。世の中万事、自分の足で歩かなければならない。頼れるものは腰の一剣であり、最後の力となるものは自分の実力だけである。この信念に徹しなければ百鬼夜行の沙婆での世渡りはとても覚束《おぼつか》ない。

「我事に於て後悔せず」　武蔵

長い人生に於て、更には波瀾万丈の社会の流れの中に於て「我事に於て後悔せず」と、何をやっても失敗もせず間違いもなく、いささかの後悔もしないということは極めてむつかしいことである。

武蔵が「我事に於て後悔せず」と言っていることは、我がなすことに於て完璧を期せよというのは勿論であるが、何をやってもやったあとにいつ迄もくよくよするなということを教えているのである。我々の日常でも試合に負けたあとで、「あの選手を出すんじゃなかった」「あんなオーダーを組むんじゃなかった」といくら悔んでもそれは死んだ子の年を数えるようなもので、一度はなれた弓の矢はもう絶対にもどって来ない。やる前には細心の熟慮が必要であり、いささかの間違いもないように完璧を期さねばならないが、終ったあとは台風一過である。

すんだことをいつまでもぐずぐず言うのを「女の愚痴《ぐち》り」と言うが、それがいけないのである。「あきらめは気の保養」と言われるように、すんだ事は早くあきらめて気分転換を図ることが第一である。

最近はやりのノイローゼというのは不安感を主とする神経症であり一種のヒステリーであるが、これもいらざることに気を使って、あれやこれやと心配する結果である。

どうせこの世は廻り灯籠であり明暗はつきものである。この諦観に徹しなければこの世は地獄であり決して楽しい豊かな人生は送れない。剣道の試合で打ち損じては「しまった。しまった」とあと追いばかりしていたら、試合にも勝てないし人生勉強にもならない。

高野先生は上段から打ち下して、それが成功しなかったら自分の負けであり、あとで相手に組みついたり頭を振ったりしてはならないと強く戒められた。未練心を打ち切る武士の心構えを教えられたものであろうが、その精神が貴いし、その心構えに人生の哲理がある。

あとさきのいらぬ所を思ふなよ
ただ真ん中の自由自在を

「武具の外、物をたしなまず」　武蔵

武道具は武人の魂であり、これは最高のものを持たなければならないが、それ以外の贅沢品は一切不要である。

茶道には「時をうるは器をうるにしかず」ということがあるが、お茶を立てようと思う意欲を起すのはよい茶器を持つことであると言い、将棋の大山名人は「よい駒、よい盤、よい座敷」と言って名器と雰囲気を得て初めて会心の将棋がさせると言っている。

「下手の道具選び」とか「弘法筆をえらばず」とか言うことは、道具などどうでもよいという風に聞こえるかも知れないが、それは全く反対であり、名工こそ道具を選び弘法こそ筆を大事にするものである。

剣道人でも道具や着装に無頓着な人は「貧乏ゆすりの浪人稽古」と言われ剣の権威もなければ稽古の風格もない。

芸能界には「着付けは芸のうち」という言葉があるが、剣道でも「着装は剣道のいろは」であり、先ず稽古着、袴のはき方から道具のつけ方まで心して一分の乱れがあってもならない。武具を大事にし、着装を堅確にするところに武人の心がけがあり、剣道修行の眼目がある。

「鉢の木」で有名な佐野源左衛門は、自分は食べるものもなく、着る物もない貧苦の中でも「いざ鎌倉」という時には、あの鎧《よろい》とあの槍を引っ下げて一番乗りの働きをするのだと常に鎧びつと大身の槍だけは床の間に美々しく飾っていた。

この精神こそ武人の魂、武士の鑑《かがみ》としてとこしえに称えられるゆえんである。

武士は銘刀を魂とし、名工は道具を生命とする。

いずれも心霊を打ちこんだ「一刀の切れ味」を大事にするからである。

「世々の道に叛くことなし」

武蔵

世々の道は世に受けつがれた道理であり、世の習わしである。世には長い伝統があり古い風習がある。五倫五常は東洋道徳の根幹であるが、これも又長い日本の道であり貴い道徳である。

武蔵はこうした世々の道に叛《そむ》いてはならないと教えている。

いかに世俗を離れた武辺者と雖《いえど》も世の中の道や習わしに叛くことは剣を修める者の本旨ではないとさとしている。

剣道では「礼に始まって礼に終る」というのが剣道人最高の誇りであり、何よりの高い自負であるが、しからばその礼はどう行なわれているであろうか。

礼は相手を尊敬する心の表われであり、ただ頭を下げるだけでは礼にならない。

現代剣道で言う礼は、ただ形式だけであって、肝心の心が抜け大事な魂が失われている。

例えば団体試合で味方の選手が打ちを出せば、あたりもしないのに総立ちになって喚声をあげる。「あたったぞッ」というゼスチュアーであり審判に対する誘導であり、こんな非礼は又とあるまい。面をかぶった儘《まま》あぐらをかき、人の道具でも竹刀でも平気でまたいで行く。何だか教えと実際とが余りに違いすぎていささか減滅である。

更に礼は道場だけにあるものではなく、我々の日常生活の中にこそ本当の礼があり、社会の中にこそ、まことに生きた礼が存していることを篤《とく》と知らなければならない。

服装の礼

剣道では「礼に始まって礼に終る」というのが剣道人最高の誇りであり、高い自負であるが、礼は相手を尊敬する心の表われであり、ただ頭を下げるだけでは礼にならない。

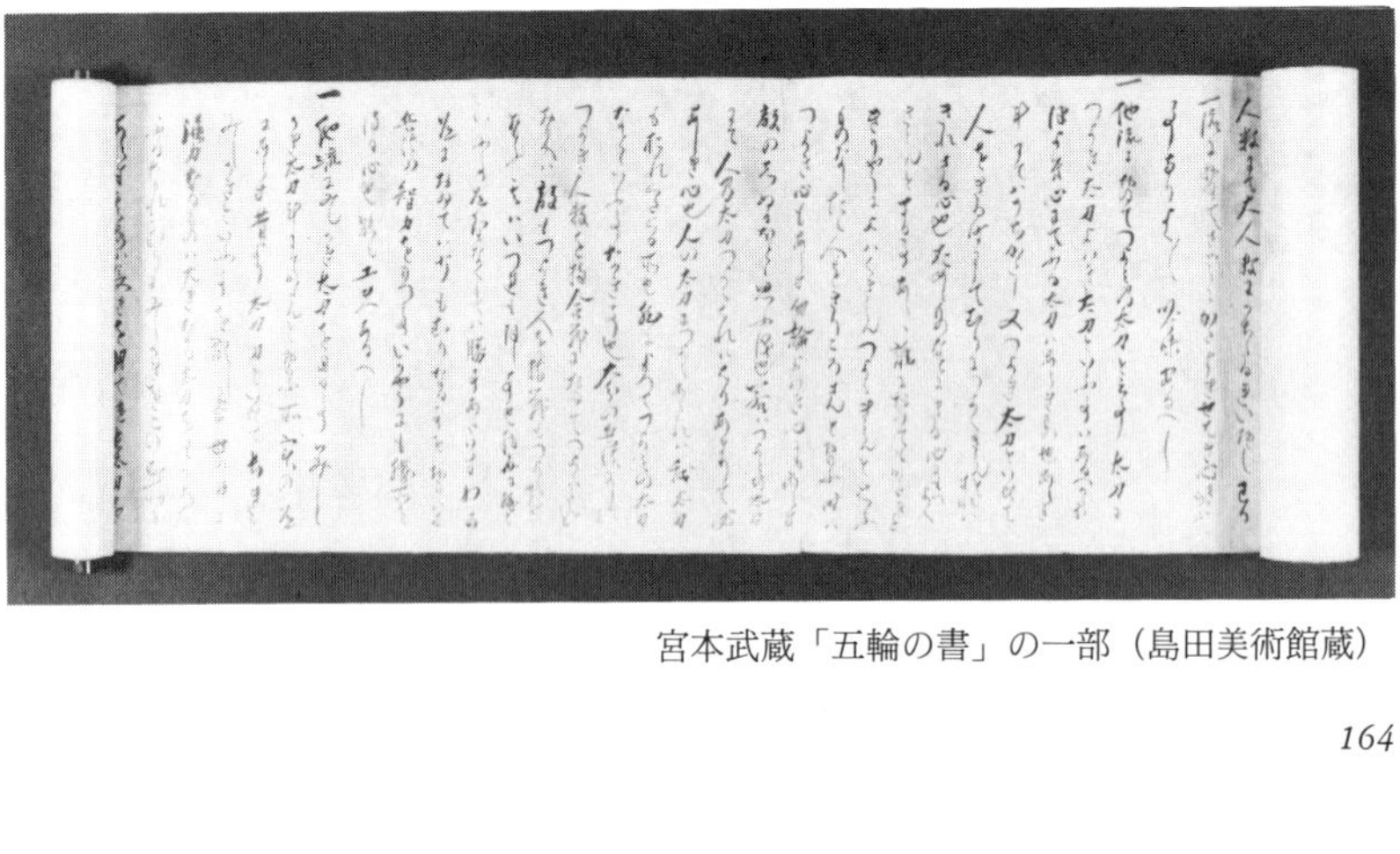

宮本武蔵「五輪の書」の一部（島田美術館蔵）

相手に不快の念を与えないことは礼のはじまりであり、服装は清潔に、容貌はおだやかに、常に春風をもって人に接することが何より肝心である。

吉田松陰が初めて佐久間象山に教えを受けに行った時に象山は「汝《なんじ》礼を知らば髪をくしけずって来い」と言った。先ず服装の礼から整えて来いということである。

また天慶の乱を起した平将門は味方につけたい天下の武将「藤原秀郷来たる」の吉報に接し、嬉しさの余り髪を振り乱し、服装を正さぬ儘《まま》玄関に現われた。秀郷はその容貌の乱れと礼を知らぬ態度とを見て「これ天下人《てんかびと》の器《うつわ》に非《あら》ず」として一目で愛想をつかしてしまった。

その後秀郷は朝廷の命を受け逆賊平将門を打ち滅《ほろぼ》したが、この運命の一戦も最初の瞥見によって信頼の度を決定されたからであり、現代社会に於いても初対面の服装態度や言語動作の第一印象が一番大事であり、これを絶対にゆるがせにしてはならない。その映像が相手の心に焼きついていつまでも忘却されないからである。

「服装は礼のいろは」とも言われ、「服装は正しいあなたの紹介状」とも言われるゆえんのものは、目から入る印象がそれ程強烈であり、それ程人物評価に大きな影響を持つものであることを教えている。

剣道家も昔は「破れ袴の撃剣野郎」という蛮カラが通った時代もあったが、それはもう昔の夢であり、今では清楚な学生であり、端正な紳士でなければならない。

それが修行者のたしなみであり剣道家の礼である。

電話、手紙の礼

電話では顔は見えないが、相手の態度はよく伝わって来る。最初は人事《ひとごと》のようにそらぞらしい応対でも、こちらの名前が分かればとたんに言葉づかいまで丁寧になるのは何だか寂寥であり、いささか減滅である。

電話では直接に相手の顔が見えないだけに、言葉使いやその態度だけで自分の誠意と真情を相手に分かって貰わなければならない。そこに人のゆかしさがあり、正しい礼がある。

手紙や葉書にしても同様であり、最近の子供達は葉書の書き方も知らなければ手紙の大事さも分かっていない。

人様にお世話になったら葉書の一枚ぐらい書いて御礼を言うのが人の情であり、世の中の礼というものであろうが、そんな事には一切無頓着である。

それは子供が悪いのでなくて親にも罪があり指導者にも責任がある。私は合宿などの時には学生に何があっても先ず先生やご両親には必ず手紙を出しなさいと言う。それが一番手近かな親孝行であり、最も大事な剣道の精神だからである。

年賀状でもただ「謹賀新年」と印刷やゴム印を押して出すのは、それは形式的虚礼であって本当の意味の賀状にはならない。

年賀状は年の始めの挨拶であり、一年のご無沙汰をお詫びして今年にかける年頭の抱負や希望を書いて皆さんに喜んで貰うためのものである。私も毎年、何百枚もの年賀状を頂戴するが、一年間の自分の行跡を克明に書いて下さる人もあれば、今年の抱負経綸を書いて軒昂の意気を示される先生もある。さらには家族の写真入りで夫々署名した一家団欒の美しい絵姿もある。その中にその人となりを偲び、その情に感謝し、その健在と発展とを祈るものである。私はそれが年賀状だと思い、学生にはそんなことばかり言っている。

今は学校でも先生方には夫々教育の分野があり社会常識的な心の教育は余りなされていない。そうした手の届かないところや、おろそかにされている教育的盲点には剣道の先生が卒先して手をさしのべ、何でも実践倫理として指導することが本当の意味の剣道教育であり、これこそ剣道の社会的展開だと私は思う。

車中の礼

昔は学生、生徒は電車の中ではたとえ空席があっても立つことが本体であり、決して座ることはなかった。ところが最近の学生生徒はシルバーシートに陣取って電話帳のような大きな慢画の本を読んでいる。

そんな風景ばかり見ているので私は剣道部の学生にはいつもこんなことを言う。

「諸君が立って席を譲ることは社会の礼でもあるが、諸君自身にとっても大変よい剣道の立ち稽古になる」。立って重心の位置を決め、電車の動揺に対応して足腰を鍛えることは武蔵の言う「心常に兵法をはなれず」の心構えであり、人にも喜ばれ自分も鍛えられて一挙両得ではないか、などと言って車中の礼と立稽古の必要性を説いている。

一昨年の暮れであったが、こんな感激的な話があった。小田急電車の中で私の席は四人がけの中央で、左隣りには四十ぐらいの奥さんが乗っておられ、右隣りには男子高校生が何か本を読んでいた。そして一番向うのはしには女子高校生がぐっすり寝こんでいた。

途中で七十近くのおばあさんが乗りこまれたが、何だか体調が悪いらしく乗るなり連結機の所にうずくまっておられた。私は病人であろうと立ち上って、その席にお座り下さいと言ったが、なかなか遠慮して座ろうとなさらない。そのうちお隣りの奥さんも見かねて立上り、私が立つからお二人はどうぞその席におかけ下さいと言われる。お年寄もその親切にほだされてお座りになったが、電車が町田駅にとまると同時に寝こんでいた筈の女子学生が脇目もふらずに矢のように飛び出して別のホームに走って行った。

さては彼女は初めから私達のやりとりはつぶさに知っていたのだろうが、残念だが、最近の学生にはこんな利巧な子が多過ぎる。

私は電車を降りて何げなく振り返ったら、さっきのお年寄が座席に正座して私の後姿を拝んでおられるのである。ハッとしたし涙が出た。私はおばあちゃんの美しいお姿に私の方が心中手を合わせて拝みたい気持であった。

丁度その日は大学剣道部の送別会か何かで学生もＯＢも沢山集まっていたので最初に私はこの話をした。電車の中で今起きた出来事である。僅かこのくらいの親切でも相手にはこんなにも喜ばれるものである。電車の中では寝たふりをしたり、シルバーシートを陣取って我がもの顔に振舞ったりしないで自分は立つことである。立てば相手は喜び自分には立稽古が出来る。それが日々の剣道修行ではないかと言った。皆んなの目がひときわ輝いていたので私は二重の喜びを感じ、心中ほのぼのたる思いであった。

近頃「三合い運動」というのが展開されているそうである。「譲り合い、助け合い、拝み合い」。どなたが提唱されたか知らないが、本当に有難い賛愛運動であり、全国民がこの趣旨を体して皆んながこの三合い運動を実践したら世の中はどんなに明るくなることであろうか。車中の礼の他に歩行の礼もあり、会釈の礼もある。剣道で礼だ礼だと言われるならば先ずこんな手近かな礼から始め、こんな生きた礼から実践すべきではあるまいか。

大義の礼

「君ヶ代」が国歌になり「日の丸」が国旗と制定されても未だ「君ヶ代」を歌うな「日の丸」は立てるなと言う人達もあるらしいが、そんな観念でいったい日本人教育がどうして出来るであろうか。

国歌は国民の心の拠《よ》り所であり、国旗は日本のシンボルである。これを大事にせずしてどうして国の団結や発展が期せられるであろうか。アメリカではパブリックの建物には郵便局でも警察でも四六時中アメリカ国旗が立てられ、学校の教室には常に国旗が高らかに壁に張られている。

国旗の大事さを教え、国家意識を昂揚するための施策であろうが、本当によい国民教育だと思う。

日本でも学校の入学式や卒業式には「君ヶ代」を高らかに歌い、旗日には戸毎に「日の丸」を立て、美しい日本と麗しい祖国の姿を写し出したいものだと思う。私は小学生の頃、紀元節や天長節に君ヶ代を歌い、饅頭をもらって日の丸の旗の下をくぐり抜けて帰ったことを覚えている。

本当に懐しい思い出であり、あの雰囲気の中に日本人の魂が培われ美しい祖国愛が育てられたような気がする。

武蔵の言う「世々の道に叛《そむ》くこと勿《なか》れ」の訓《おし》えは日本伝統の淳風良俗を失うなということであり、その根幹をなす日々の礼法を忘れるなという教えであろう。そうした美しい慣例慣行を大事にしていくことが日本人の教養であり、こうしたよき伝統を守り抜くことが武道修錬の大いなる目的であることを忘れてはならない。

止心　　　　沢庵

「止心」とは留《とど》まる心であり、留まる心は仏法に於ても兵法においても最も嫌う心である。沢庵は「留まる心」を「迷い」と言っているが、これは一点に執心して思い換えのきかないことである。柳生但馬はこれを「心を返す」と表現して、「心を返すということは、一太刀打ったならば打った所に心を置かず、心を引返して敵のいろを見よ。心を我身に引きとれ」と教えている。

但馬と沢庵と表現は異るがそのねらいは一つである。一点に執すればそれは止心であり、迷いになり、惑《まど》いとなり、失敗の原因ともなる。

そして沢庵は千手観音を例にとり「千手観音には手が千本あるが、その中の一本に心が留まれば、あとの九百九十九本は皆死に手となり、皆無用の長物となる。だから決して一本の手に心を留めてはならない」と戒めている。

（展開一）柳生但馬の止心

柳生但馬がかつて遠乗りの時、さる村里の洗濯女に「その盥《たらい》の水は幾波あったか」とお尋ねになった。女はすかさず「八十八波ございます」と答え、更に「殿が柳生のお城からここまでおいでになるのに馬の足跡は幾つございましたか」とお尋ねした。

但馬ははたと返答に窮した。「いや馬の足跡は八千八百あった」と言えば天晴れであり、相打ちで勝負なしという所であったが言葉に窮したことは「止心」であり、但馬の完全なる敗けであった。

「とどまらぬ心は色にも香にも移らぬなり、此移らぬ心の体を、神とも云ひ仏ともたっとび禅心とも至極とも申候。くどくど思案して

後に云出し候は、金言妙句にても住地煩脳にて候」　　沢庵

〈展開二〉柳生但馬の不覚

将軍家光は殊《こと》の外《ほか》愛猿「手拘《てく》」を可愛がり、竹刀の持ち方も教えた。手拘は短い竹刀を持って誰とでもたわむれの試合をやったが、猿は敏捷で誰も手拘に勝つ者がなかった。

家光は但馬に命じて「手拘を打てるものなら打ってみよ」と仰せられた。

但馬はただ一打ちにと思うが猿は将軍の膝から肩へ、肩から腕へと飛び廻ってどうしても打てない。その時そばにいた沢庵が「然らば拙僧が」と鉄扇を持った途端に手拘は「キャッ」と悲鳴をあげて奥へ逃げこんでしまった。将軍は不思議に思われ、剣豪の但馬でさえも打てないものを、兵法も知らぬ沢庵を見ただけで手拘が逃げ出すとはどうしたことかとお尋ねになった。その時、沢庵は「但馬殿は万一打ち損じて殿のお体にさわったら大変だと、その事ばかりを気にしておられるから打つ手に迫力もなければ凄味《すごみ》もない。然し拙僧は将軍の膝もろとも打ち切るという覚悟でやっているので手拘はその真剣味に恐れて逃げうせたのでございます」。まことに至言であり、将軍の膝を打ってはならない、体にさわっては大変だという心は一種の止心であり、止心は迷いであり、迷いの剣は死物である。

但馬ほどの剣の妙境に達した剣豪にして尚かつこの迷いがある。

将軍という絶対のものに対する恐懼の情があり、その恐れが止心となって但馬の明智をさえぎったものであろう。

剣の妙諦を伝えた不立文字の垂訓と言うべきであろう。

宮本武蔵筆「枯木にもず図」(島田美術館蔵)

(展開三) 武蔵の止心

武蔵は兵法のみならず書も書き、絵も描き、彫刻もまた抜群であった。

特にその画は絵師も及ばぬ天衣無縫の画風であり、中でも達磨とモズの絵は天下の絶品だと評価されている。

かつて藩主細川侯の前で達磨の絵を描けと所望された。

武蔵は絵筆をとって書き始めたが、どうしても思う通りの画がかけない。どんなに丹誠をこめてみても絵筆がいつものようにさらさらと動かないし、どうにも出来ばえが悪い。

武蔵は帰って静かに考え、あるヒントを得て夜中に飛び起きて一人絵筆をとった。

あたりは静寂であり、誰一人見る人もいない。心の儘《まま》に絵筆は走り、出来上ったものを見れば、これまた今迄にかつて見ない秀逸であり、我ながら驚く程の出来ばえであった。

武蔵はその絵を見て「我が剣未《いま》だし」とつぶやいた。達磨の絵を描く腕に二つはない。腕は一つでも心は二つである。「殿の御前」という意識が強くなり、書き損じてはならない、見事に描き上げなければならないという責任感が執着してそれが止心となり、どうしても殿の御前では会心の絵が描けなかったのである。

武蔵はかつての伊勢の遊女が「空なればこそ妙なる音をかなでることが出来まする」と三味の胴を裂いて見せたことを思い出したであろう。

空なればこそ、欲心なければこそ妙なる音をかなでることも出来るし、妙なる絵筆を揮《ふる》うことも出来るのである。

立派に描こうとする欲望は一辺に執する止心であり迷いである。

日常の我々の生活に於ても止心がブレーキとなり思わぬ失敗をしたり、色々な面で仕事の支障を来たすことが多い。

剣道の稽古、試合に於ても止心の弊害は覿面《てきめん》であり、常に後悔し、反省させられることが多い。この止心や迷いの気を除けば天下は大らかに開け、自ら持てる力を存分に発揮出来るであろう。

私の友人に書道の大家がいたが「字はつらの皮で書け」といつも言っていた。小事にこだわらず大胆に書けということで、よく見せようとあれこれ迷っては本当によい字は書けないということである。書道の心理も剣道の極意も皆同じであり、うまくやろうとか、立派に見せようとかする心は欲心であり邪道である。

こうした止心こそ剣理剣法の最も嫌うところであり、人生諸般の大いなる障害である。

水鳥の行くも帰るも跡たへて
　されども道は忘れざりけり

巌（いわお）の身

武蔵

「いわおの身と言ふは動くことなくして、強く大いなる心なり」と武蔵は言っている。

大変に臨んで動じない心である。

世に言う不動尊とは動ぜざるの尊《みこと》であり、動ぜざるを以て尊《たっと》しとなすという意味である。「巌の身」も全くこの不動の心であり、強く大いなる心である。

いつも例証されることであるが、細川忠利公が「巌の身とはいかなることか」と武蔵に問われた時、武蔵は弟子の寺尾求馬之助を呼び「殿には思召《おぼしめし》の儀あり、その方に切腹を仰せつけられた。上意である」とただそれだけを申し渡した。

求馬之助はただ一こと「かしこまりました」と一礼して立ち上った。

その後ろ姿を指さして武蔵は「あれが巌の身でございます」とお答えした。

いかに君命とは言え、何の理由もなく切腹を仰せつけられては誰しも「なぜですか」と問い質《ただ》したいし「いかなる君命によるものか」とその理由を明らかにしたいのは当然であろうが、それにひと言の抗弁もなく、慌《あわ》てず騒がず、すっくと立った覚悟の程に巌の身のすべてが語り尽されている。

首切り浅右衛門の述懐によれば、くりから紋々の悪鬼のような、ならず者でもいざ首の座に坐れば、「助けてくれ」「許してくれ」と泣き叫ぶそうである。たとえ殿の命とは言え、理由もなく切腹とは解《げ》し難い事であり、誰しも反問もし、動揺もするであろうが、その生死の刹那にも乱れぬ心情に武士の魂があり日頃の覚悟の程が窺《うかが》えるであろう。

弁慶は安宅の関に於て、義経危急存亡の時にも「その時弁慶少しも騒がず」の名せりふ通り堂々と勧進帳を読み上げ巌の身の真髄を発揮した。

森蘭丸は信長の急逝にあい、家臣一同気も動転してなすべき事も知らぬ混乱の中にあって、その祐筆に向い「急ぎの御諚なれば心しずめてしたため候え」と言った。我々ならば「さあ大変だ大変だ、大急ぎで早く書いてくれ」と言うべき所であるが、その大変に臨んでもいささかの動ずるところもなく「心鎮めてしたため候え」と言うあたり心憎いばかりの落着きであり、この不動の心境こそまさに巌の身の具象化として称賛すべき武士の心構えであろう。

私の健康法

私の健康と『五輪の書』とは何の関係もないようであるが、実は大有りで、『五輪の書』の訓えが私の剣道の骨格をなし、その精神が私の心の糧《かて》になり更に健康につながる要因になっている。

健康で先ず一番大事なことは姿勢であろうが、武蔵は「腰を割って胸を張れ」と教えている。この簡単な言葉の中に無限の訓えがあり、先ずこの正しい姿勢を忘れぬことが健康を生む原点であることを知らねばならぬ。

健康とは健体康心であり、体がいかに頑健でも心が康らかで情緒が安定していなければそれは真の健康とは言えない。

そのためには武蔵の言う「一生の間、欲心なし」の心境に徹し、徒《いたずら》に貪《むさぼ》る心があってはならない。人生はブライトサイドを見て暮す生活が大事であり、明るい楽しい面だけ見て感謝の日々を送ればそれがもうこの世の極楽である。

よく落語で聞く紺屋の娘と傘屋の娘の話がある。雨の降る日は紺屋に嫁にやった娘がさぞ困っているだろうとお母さんが嘆き、天気のいい日は傘屋にやっている娘が傘が売れないで泣いているだろうとまた心配する。

しかしこれも逆に考えて、天気のいい日は紺屋の娘が喜び、雨の降る日は傘屋の娘がほくほくしているだろうと思えば、降っても照ってもお母さんにとっては喜びであり天国である。浮世を、この世は辛い苦しいことばかり多い〝憂き世〟だと嘆くよりも、喜びに満ち溢れた感謝の〝有喜世《きよ》〟だと思えば有難いし、〝芥箱《ごみばこ》〟をきたないものだと敬遠せず、世の中を美しくする〝護美箱《ごみばこ》〟だと観ずればこれもまた美しい人生の一面であろう。こうした人生のブライトサイドだけを見て喜ぶ楽観ムードが世渡りにはまた一番大切である。

私の友人に松川武堂という人が大阪にいた。電車に乗り遅れて「しまったなあ」と言えば「少し早く来過ぎましたねー」と言う。次の電車までには充分時間があるということであろう。万事この調子だから彼はいつもにこにこして決して怒ることがなかった。

昔の人も言っている「金は使っても気は使うな」と。いらざる気を使うことは身の毒であり、気の毒であり、それが嵩ずれば気を病んで病気ともなる。

武蔵の言うように「我事に於て後悔せず」で、過ぎ去ったことにくよくよしてはならない。この気を養うことが貝原益軒の言う保心の術であり、世に言う養生訓というものであろう。

私は今、八十四才の老骨であるが、腰も曲らず体重も減らず未だどうにか剣道が出来るということは実に有難いことであり、我ながらいつも自分の健康に感謝している。

若い人と剣道をやると「先生は何を食っていますか」とよく聞かれる。貧乏だから毎日ろくなものは食っていないが、どうやら生きていくだけの栄養はとれているらしい。

それで思いあたることは、私はよく嚙むことが習慣になっていることである。

私の生活信条は「かめ」「ねれ」「正せ」の三ヶ条であるが、「ねれ」はよく寝ること快眠することと、更に日常生活に於ては事をよく「練る」こと、強く鍛錬することであり、「正せ」は心を正し、身を正し、行いを正し、世を正すという硯山流の剣道精神である。

最後に残った「かめ」は、よく物を咀嚼《そしゃく》すること。人の言うこともよく咀嚼し、手紙なども間違いのないようによく嚙み砕いて理解すること。更に食べる物は嚙んで嚙んで嚙み砕いて全部身につけることである。

食べ物をよく嚙むことは私が中学時代に読んだ『フレッチャリズム』という本の影響である。これはどなたにも参考になることだから少し嚙みくだいて詳しく書いてみよう。

この本はアメリカの富豪フレッチャーが書いたもので、彼は一世の大富豪になったが、健康を害して余命幾ばくもないと医者に宣告された。そこで彼は余生を自分の思いの儘《まま》優雅に暮そうと思い、風光明眉なスイスのチューリッヒ湖畔に別荘を建て、そこで悠々の生活を送っていた。ところがある人から咀嚼の大事さを教わり、それから物を嚙むことの必要性を覚えた。何でも口に入ったものはドロドロになるまで嚙むように心がけ、牛乳などでも何十ぺんとなく嚙んだ。すると色々な病気がなおり、運動機能も恢復《かいふく》して若い者と自転車競争をしても負けないような強い体力が出来た。

そこで彼は物を嚙む貴さを知り、世の人にその功徳《くどく》を教えようとして書いたのがこの『フレッチャリズム』という本であった。

ここでその内容を詳述することは出来ないが、私は一種のフレッチャリズムの信奉者になり、噛むことの大事さを年と共に痛感して益々強くこれを励行している。

世に栄養学を説く人は多いがフレッチャリズムを唱導する人は少ない。

私の田舎は皆百姓ばかりで、「沢庵ボリボリお茶漬けサラサラ」の口であり、物を噛むことを知らない。だから「早く喰う者は早く死ぬ」と言われる通り、胃拡張が多いし早死が多い。

最近、女性は肥満を恐れて絶食する人があるそうであるが、これはまた無茶な話であり、一種の冒険である。それよりもよく噛んで食べれば少量で満腹感があり、栄養も十分とれるし、脳を刺激して頭もよくなるそうである。昔は「美人薄命」と言われたが、この頃は「美人長命腹八分」で、少量のものをよく噛んで食べれば栄養満点で美人にもなれるし長生きも出来る。

以前は健康三則と言って快食、快眠、快便の三つがあげられていたが、最近では更に快笑、快足の二つが加えられ健康五則になっているそうである。

なる程、快笑は大事であり、皆んなが仲良く微笑み合っている姿は実に貴いし胃のためにも至極よろしい。そして大抵のことはみんな笑いとばして気にせぬ洪笑も又長生きの秘訣である。

更に大事なことは快足であり適度の運動である。年をとればゲートボールもよし、テニスもゴルフも足を使うものならば何でも結構である。戦前は日本人の一日平均の歩行は一万二千歩であったが、最近では八千歩に減ったそうである。皆んなマイカーであり、どこに行ってもエレベーターやエスカレーターばかりで歩く必要がないからである。

それだけ足が衰え体が弱り健康が次第に蝕《むしば》まれている。

昔から神社仏閣には足鞋《わらじ》が奉納されている。浅草の観音様には一丈何尺の大わらじが天井からぶら下っているし、各地の神社仏閣にも大小のわらじが奉納されているのは皆健康長寿の祈願であり、足を大事にしますから健康を授けて下さいとの願いである。

足を十分に使えば満足であり、足の使い方が足りなければ不足であり、心の不足は病気のもとになる。年をとって朝から晩までコタツの番をしてテレビばかり見ていると足も弱り腰も曲がる。

足腰が弱ってころんだらもう人生はおしまいであり、あの世への道もだんだん近くなる。私の母もころんだのがもとで死期を早め、剣道の宮崎先生を始め多くの先生方がころんで骨を折り、それで命を縮めておられる人が世間には余りにも多い。

だから私は「歩け、ころぶな、風邪《かぜ》ひくな」を自分の生活のモットーにしている。

武蔵の言う「渡《と》を越す」というやつで、この三つの掟で人生の難所を乗り切ろうとする魂胆である。

剣道の先生は皆自分は健康だと自信を持っておられるだろうが、その自信が地震のように怖いので、いつの間にか地盤がゆるみ、知らざる所に病魔が浸入している。だから今私は二ヶ月に一回は健康診断をして貰っている。これで医学的に自分のウイークポイントをチェックして貰っているが、今のところ内臓的欠陥はないし、悪いのはただ頭だけだということだから、この分だと末だ暫くは持つだろうと思っている。

人間の健康法としては貝原益軒や白隠禅師など色々と書いておられるが、そんなむつかしい事よりも昔の人はやさしい表現の中に実に有難いことを沢山教えておられる。

「世渡りの道はどうかと豆腐に聞けば、まめで四角でやわらかく」

「腹立てず、心はまるく気は長く、口慎めば命長けれ」

いずれも無欲で無理せず、心はまるく気を長くもって、凡ゆる人と仲よくしていけば健康長寿疑いなしという、その人生極所の心理を教えている。

武蔵の『五輪の書』も益軒や白隠の養生訓も底流に於て皆相通ずる心理があり、やはり武蔵は偉いと思うし『五輪の書』は有難いと思う。

我々もこうした心境で、剣の理と人の道とを両輪にして人生を大事にしなければならないと痛感する。「亡くなって知る親の恩、失って知る健康の有難さ」。平凡なる表現の中に実に非凡なる真理が秘められて教えられる所が多い。

酒と歌

武蔵は『五輪の書』にも独行道にも酒のサの字も書いていない。それは武蔵が妻もめとらず恋もせず、入浴もしなければ酒も飲まぬという仙人のような求道者であったからであろう。

然し昔の剣豪武将には結構酒豪が多いし、酒にまつわる伝説口碑も少なくない。

現代剣道家の多くは酒とのちぎりは深く、剣道と酒とを絶縁することはとても出来ない相談であろう。今の剣道家は剣道の道場を第一道場と言い、赤提燈のことを第二道場と言う。

結局第一道場の修行と第二道場の酒行と合わせて一本ということであろうが、私はそれはそれなりに意義もあり人生の豊かさもあると思う。酒は武蔵の「五輪」とは直接関係がないかも知れないが剣道家としての人生の「五倫」とは因縁が深い。剣道人と酒とのつきあいを人生五倫の側面から考えて見ることもあながち徒粛ではあるまい。

昔から日本には「御神酒《おみき》上らぬ神はない」と言われるくらい酒は生活の一部になっているが、剣道人と酒とはまた切っても切れない深いえにしがある。だからこそ剣道人は酒に対して一層の心くばりが大切であろう。

古来「飲む、打つ、買う」は男の三大悪と言われて来たが、西洋でも三つのWを警戒せよという訓えがある。

ワイン（酒）、ウーマン（女）、ウォリー（悩み）の三つであり、ここでもやっぱり酒と女が悪の権化《ごんげ》のように言われている。

しかし蜀山人のように「世の中に酒と女は仇《かたき》なり、されども仇にめぐりあいたし」という風流洒脱な考え方もあり、やっぱり男の世界から酒と女を隔離することは容易なことではあるまい。

煙草は一本のむ毎に五分三十秒ずつ命が縮まるとアメリカの科学者が警告しているが、酒は功罪全く相半ばする評価であり、どちらがいいとも悪いとも軍配のあげようがない。

「酒は飲むべし百薬の長」と言われるかと思えば「酒は避くべし五臓の毒」とも言う。

「酒は憂いを掃く玉箒《ぼうき》」と謳歌する人もあれば「酒は命を削る荒がんな」として敬遠する人もある。

結局は酒に功罪があるのではなく、その飲み方によしあしがあるのであろう。

酒も飲む人によって一座を明るく面白くする人もあれば、愚痴や喧嘩で人に迷惑をかける人もある。

『葉隠』では「酒席は公会《くがい》と思え」と戒めている。いくら酒の上でもやってならないこともあれば、乱れてならない限度もある。この一線を誤まらぬことが酒飲みの勘所と言うべきものであろう。

特に剣道人にも役所人にも心すべきことは「ただ酒をのむな」ということである。只一回のただ酒が生涯の負担ともなり、只一度の縄のれんが人生を破局に導く地獄門につながることもある。誘惑は常に音もなく忍び寄って来ることを忘れてはならない。

私は学生時代にビールは飲んだが酒は飲めなかった。しかし福岡に行って「僕の盃が受けられないか」と言われれば、目をつむってでもぐっと飲みこまなければならなかった。そんな手荒い初年兵教育を受けているものだから私の酒には風情《ふぜい》がない。牧水のように「酒は静かに飲むべかりけり」というような床しさもなければ「花は半開に見て酒は微薫《びくん》に酔う」という風韻も分からない。

ただ飲むだけで無性に嬉しくなり、皆んなで騒ぐだけで喜ぶ下郎酒である。

だから結婚式のような格式張った酒席は苦手であり、大体人がついで下さるまで待つというのが性に合わない。

「独酌は男子の恥」などと昔の人が言うものだから、人前で手酌はマナーに反すると、つい気がひけて遠慮し勝ちになる。

だからそんな遠慮気兼ねをする酒よりも、うちで嬶ちゃんと二人で飲む酒が一番うまい。飲みたい時に飲みたいだけ飲んで歌でも歌ってころりと寝れば、あとはもう極楽である。

「味噌なめて晩のむ酒に毒はなし

すすけ嬶《かかあ》に酌をさせつつ」

誰の作か知らないが本当によく庶民的情緒が出ているし、我意をえたりと嬉しさがこみ上げて来る。

剣道界にも酒は一滴も飲まない謹直な先生もあれば「日本号」を飲みとる程の豪傑も多かった。しかし黒田節の中に「酒は飲むとも飲まれるな、微酔の夢のうたた寝に、かわす手練の黒田武士」という名作がある。武士のたしなみを教えたものであろうが「かわす手練の黒田武士」とまでは行かなくとも前後不覚に酔いつぶれるまで飲んでしまっては何もかもおしまいである。

『葉隠』は飲んだら早く帰れと教えている。

「客と白鷺《さぎ》立《や》ったが見事《あ》」であり、早く立つことが酒飲みの節度でもあり、お客としてのマナーでもある。私の地方では長居の客がいると箒を逆さに立てる風習がある。

早く立たぬと箒で掃き出すぞというまじないであろう。この辺の見切りがやはり心すべき武人のたしなみと言うべきものではあるまいか。昔の先生方にも色々な飲み方があり、さまざまな酒席の流儀があった。

高野先生は余りお飲みにならなかったが、内藤先生は玄関に四斗樽を据えるくらいの酒仙であり、人のもてなしも最高であったらしい。持田先生は猪口《ちょこ》三杯が限度であり、三杯飲めば目元をほんのりされ盃を伏せて、それから先はもう一滴も飲まれなかった。

剣道界で持田先生の歌を聞いたことのある人は私と同席していた江上君ぐらいであろうが、私はたった一度だけ聞いたことがある。

所は浦和の大田窪《だいたくぼ》で歌は磯節であった。

文句もはっきり覚えているが、「荒い波風やさしく受けて、心ゆるがぬ沖の石」であった。いかにも先生らしい歌であり、酒の中でも不動の心を忘れぬ心意気のように拝せられた。そこへいくと斎村先生は天下の酒豪であり、いくら飲んでも酔うことがなく、歌も歌わなければ踊りも踊らず、専ら酒をたのしむ一方であった。酔えばにっこり笑われる、その笑顔がまた千両であり、あの笑顔が先生のたった一つの芸であった。先生は書をよく書かれたが落款《らっかん》はいつも「剣士五郎」であり、範士十段などの肩書きは一切なかった。先生の床しさを偲ばせるほのぼのたる一面である。

大島先生はこれまた稀代の酒豪であり、朝、昼、晩の食前食後に飲まれたというのはいささかオーバーな表現であろうが、たまには昼でもお飲みになったらしい。

先生は人一倍稽古をされたので、その疲れをとるための疲労恢復の薬として飲まれたので、それは酒でなくて薬であった。

飲み方も豪快であり、金銭的にも実にきれいであったらしい。

佐賀の大麻先生は酒の量は少なかったが実に華やかな酒で座持ちがよく、人にもすすめ自分も喜ぶという交剣知愛の酒であった。

歌よりも踊りがお上手で、先生が禿げ頭に鉢巻《はちまき》をして「権兵衛《ごんべえ》が種まき」などをやられると、その格好を見ただけで皆んな抱腹絶倒の大騒ぎになった。大麻家の財産を飲みつぶしたと言われるくらいで、踊りにもゼニがかかっているし、芸者泣かせの玄人《くろうと》芸であった。

内藤先生の達磨の踊りは、つとに有名であったが私は残念ながらただの一度も見たことがない。「お金はいつも内藤さんよ、すそからボロが下り藤」というのが先生、自作自演のおはこであったらしい。「下り藤」は内藤家の紋所である。

中山博道先生のお酒は剣道と同じく小さい時から本鍛えに鍛えこまれた酒であり、絶対に酔うこともなく、崩れることもなく、いつも閑院宮のような美髯《びぜん》を撫して端然として飲んでおられた。

先生は九十才近くまで酒席に出ておられたが酒量の減る様子もなく、手元の狂うこともなく本当の意味の酒仙であり剣豪であった。

剣道、居合道、杖道の範士であったが、もう一つ、酒道を加えて四つの範士号を持つ天下無双の名剣士と言うべきであろう。

剣道の先生には酒や歌にまつわる話は山程あるが、いずれも門外不出であり、不立文字の秘伝が多い。

昔は酒と歌とはワンセットであり、今のように酒だけ飲んで「はい、さよなら」ということはなかった。

どの宴会もどこの酒席も、皆んな「飲めや歌えや、歌えや踊れ」の大散財であり、実に明るく楽しかった。

学校剣道連盟の前夜祭でも実に華やかで、会員がやりブロック代表が歌い、野田会長も必ずやられた。先生のおはこは「さのさ」で文句も決っていた。「人は武士、気合は高山彦九郎、京の三条の橋の上、遙かに皇居を伏し拝み、落つる涙が鴨の水」〝さのさ〟と皆んながはやし立てて会場がどっと盛り上って賑やかになる。そう言えば又しても中野のことを思い出す。私共が入学した昭和の初め頃は「おけさ」ばかりで、どこに行っても何をやっても歌は「おけさ」と決っていた。

中野は新潟の本場で、おけさは得意であったが、私は九州の田舎者で、おけさなど東京に行って初めて聞いたくらいである。それでも仲良しコンビでかけ合いおけさをやり、それが終わらないと宴会が始まらなかった。

中野が一番得意な歌から切り出す。

「はあー蛸《たこ》に骨なしなまこに目なし、私しゃ子供で色気なし」とやれば「七つ八つからイロハを習うて、ハの字忘れてイロばかり」と私が受けて会場がどっと湧く。

また中野が歌う。「はあーあなた正宗私《わ》しゃ錆《さび》刀、あなた切れてもわしゃ切れぬ」とやれば「わたしゃローソク芯から燃える、あなたランプで口ばかり」。最後は〝ありゃ、ありゃ、ありゃさ〟で大合唱になり、それで中野と私の三番叟は終り、あとは歌や踊りの華やかな舞台に変る。

しかし考えてみれば昔の歌には情緒もあり色気もあり、何となしにほのぼのたるものが漂っていた。今のような下卑た文句もなければシリ振りダンスのようなやり方もなかった。

なる程昔の人が言ったように「歌は世につれ、世は歌につれ」で頽廃の世にはまた頽廃の歌がはやるものだと、つくづくとそう思うようになった。

歌も「懐しのメロディ」あたりまではいいが、最近の御詠歌くずれのような歌はよく分からないし、どうにも我々老骨の性に合わない。

そこへいくと詩吟が一番よろしい。大体詩吟はその内容がいいし格調が高い。それに宴会でも結婚式でも大ぴらに歌えるし、一つ覚えておけばどこでも通用するから有難い。

私は正月に笹川鎮江女史（全日本剣道道場連盟名誉会長笹川先生令夫人）の詩吟を聞くのが楽しみである。家内は帯が綺麗だ着物が素晴しいと、先ず着つけから褒めているが、私にはそんなことは余りよく分からない。静かな歩みと悠然たる態度、それに壮重にして清明な詩《うた》の調べが心魂に響き、一年中の俗腸が洗われるような思いがする。

「歌はよいもの気が晴れる」と言うが詩吟こそ本当によいものであり、気宇壮大になり精気潑剌たるものを感じさせられる。

だから私は日本の青少年には皆んな詩吟をやらせたらどうかと思う。軟弱な気風を一掃し、剛健な気力を養うには詩吟が一番手近で一番効果的であろう。

国に国歌があり、学校に校歌があるように剣道にも剣道の魂を織りこんだ士吟を作り、その精神から人間作りをやったらどうだろうかといつも考えさせられる。決して老骨の郷愁だけでなしに現代の世相の乱れに一本の心の筋金を入れたいという考えである。

酒から歌に変り遂に士吟にまで移って来たが、人間万事緊張と弛緩のくり返しであり、緊張した生活の裏にはまた酒と歌との弛緩した豊かな半面もなければなるまい。

結局、人生は廻り舞台であり、表もあれば裏もある。仕事もやれば酒も飲む。新陳代謝は天の摂理であり、人間の健康のもとである。酒と歌はまた人生の綾であり長生きの秘訣である。

「お酒飲む人真から可愛い、飲んで歌えば尚可愛い」どこからかまた都々逸が聞こえて来る。麗しい人生の余韻と言うべきものであろう。（終り）

附録

私は齢《よわい》八十を越してふと周囲を見れば昔の同僚も剣友も皆いつの間にか姿を消して、今は一人ぼっちの人生となり、剣道とは一体何だろうかとつくづく考えるようになった。

剣一筋を誇った剣豪達士が早く剣界を去り、私のような風来坊がいつまでも剣道とつき合っている。そしてこれからも又剣道との二人三脚が続くであろう。

多くの人からあれこれ聞かれても答えようもないだらだら人生であったが、聞かれた事に答えることは、これから剣道人生を送ろうとする人には何かの参考になるかも知れない。敢えて禿筆をかって加筆するゆえんである。

私の人生劇場

これは私の小さな履歴書であり、折々のささやかな剣道観である。

一人の剣道人の彷徨《ほうこう》した軌跡とその時代の流れとを縫合して書いたものであり、勿論歴史でもなければ文献でもない。ただの思い出の記録であり個人的追憶に過ぎない。

しかし明治、大正、昭和、平成と生き抜いた歳月の中にはその折々の年輪のかおりがあり、時代的風潮が織りこまれているであろう。

一介の老骨が剣道という星を見つめながら歩いた八十年の生涯を本人と共に語りながら考えてみた記録である。

冗長の駄文になることを恐れるものであるが、私が恥を忍んで書いた自分の過去帳であり、剣道の本流から離れた剣道人生の側面をのぞいたものとして参考にして頂ければ有難いと思う。

私の生い立ち

私は福岡県の太宰府神社に程近い片田舎に生まれた。木の丸殿で有名な朝倉の地であり、中学は昔の朝倉中学（現朝倉高校）である。朝倉中学は創立以来剣道が校技であり、柔道もなければ野球もなかった。そんな関係で全校生徒皆剣道をやった。私は剣道と陸上競技の両方の選手をやっていたが、陸上競技の方にウエイトがかかり、剣道は選手というだけで大したことはなかった。ただ中学三年の時に校内試合で八人抜きをやったので「井上は強い」ということになり剣道部に引っぱりこまれた程度のものであった。

福日大会（今の玉竜旗大会）は朝倉中学が第一回の優勝校で私はその名門校の大将として出場したが、これも佐々木という大将が病気で出られなかったので、私が代役として大将をやらされたまでの話である。

あの頃（大正の末期）は九州大学の学生さんが審判で、打ちよりもゼスチュアーのうまい方が有利であった。

胴なども「折敷胴《おりしき》」と言って膝を折って床を叩き「胴だ、胴だ」と言うのがはやって、今のように目の色変えて速きを競うという凄いやり方ではなかった。私は試合の前日に江口という先生から鍔ぜり合いからの退き胴を習い、それがうまくはまって随分点数をかせいだ。

その頃の試合は先ずはその程度のものであり私の選手生活は概ねこんなことで終った。

卒業の時に初段を貰ったが、その頃の初段は今の初段とはそれこそ段違いの強さであり、朝倉中学では毎年大将一人だけが初段であとは皆んな段外級であり、級は五級まであった。

陸上競技の方は主に八百米と千五百米の中距離から一万米まで走り、この方は誰にも負けなかった。

当時は久留米の明善校が陸上王国でインターミドル（今のインターハイ）でも断然たる力を発揮して日本一であった。

その頃、明善の森田と言えば誰知らぬ者もない中距離の覇者があったが、私は明善校との対抗試合でも佐高や五高の大会でもただの一回も森田に負けたことはなかった。そんなことで仮りに私がインターミドルに出場していたら必ず優勝したであろうと自分だけはそう思っていた。中学を出るとあちこちの高専から勧誘があったが、それは剣道でなくて皆んな陸上選手としての勧誘であり、中でも五高（熊本の第五高等学校）が一番熱心で、私はここに行こうと自分では決めていた。それもあれだけ強く勧誘するのだから受ければ必ず通してくれるものと信じこんでいたが、私はその程度の馬鹿であった。

しかし叔父が福岡に総合病院を建てるからお前は医者になれと言う。それも病院長に予定していた中野先生が三高から京都帝大の医学部を出ておられるのでお前も三高から帝大に行けと言う。私の通信簿も見ないで天下の三高を受験せよとは余りにも無暴な話であるが、叔父が学費は俺が送るからどうしても三高に行けと言うし親父もその気になったので私はとうとう京都の予備校に入った。

しかし勉強はせずに毎日武徳殿の稽古ばかり見に行っていたが、あの時代は二十才になれば徴兵検査があり、然るべき学校に籍を置いていなければ兵隊に引っぱられる恐れがあったし色々考えて同志社に入学した。三高の理科よりも同志社の文科の方が性に合っていると思ったからである。同志社では剣道をやり、入学早々京都の学生剣道大会に出場させて貰った。同級生に奈良の十津川中学から来た葛葉君という選手がいてこれは強かった。強かったから名前も覚えているが、彼は卒業後大きな生命保険会社の社長になったと風のたよりで聞いたことがあるが今はどうしておられるか知らない。八代市の助役をしていた水洗君も同志社で知り合った親友であったが、彼はすぐに金沢の四高から京都大学に行ってしまった。そんなことで私だけ取り残されたが、考えてみれば私もあのまま同志社を出た方が利巧であったかも知れない。しかし叔父がどうしても三高入学の手をゆるめないので、仕方なしに放棄試合のようなことで試験だけは受けていた。

友達が受験番号が間違ったら、ひょっとしたらは入れるかも知れないぞと教えてくれたので番号は出来るだけ紛《まぎ》れ易いように書いてみたが、そのはかない夢もつぶれて又々落第である。そんなことで私も疲れ、叔父もあきらめて三高との縁が切れた。今度こそ愈々《いよいよ》憧れの五高に行こうと思っていた時、たまたま受けた東京高師に合格していや応なしに高師に行くようになってしまった。これが人間の運命とでも言うべきものであろう。

東京高師は剣道科に入ったのでもう金輪際走るまいと思っていたが、寄宿舎の部屋割りを見たら陸上競技部の部室にほうりこまれていた。私の中学時代の記録を知っていた人がいて、無理矢理に剣道部の部屋から競技部の方へ部屋替えをしたということをあとで聞かされた。そんなことで逃げるにも逃げられなくなって、どうしても走らなければならないことになってしまった。

当時の剣道部は他のスポーツをやることを嫌い、特に御大の菅原先生がそんなことは大嫌いであったので剣道部にいて陸上競技をやることは肉体的に二重の苦しみがあるばかりでなく、その上、精神的負担の方が大きかった。

僚友の中野は水泳部に引っぱられて、これまた私同様の苦悩を味わいながら二人とも剣道だけは人に負けないように頑張っていた。

私は中学時代の感覚で、走れば必ず勝つと思っていたが、走り出したらどっこいそうはいかなかった。合同練習の時など人に勝つどころか、校門を出て大塚仲町ぐらいまで行くと、もう一人だけ取り残されて、足に鉛が入ったように重くてどうにも走れない。こんな筈ではなかったがといくら頑張ってみてもどうにも人について行けなかった。

涙の出る思いであったが、それから私は本腰を入れて練習を始めた。人の寝ているうちに一人起きて飛鳥山まで走り、午後は剣道の稽古が三時から五時まであるので、それが終ってからまた走った。それに休講や授業のブランクがあればまた走るという具合で、暇さえあれば走って走って走り抜いた。練習を終って帰ってくれば七時頃であり、寄宿舎のめしは皆んなが食べちらかした残飯であり、そこらの残りものを掻き集めて食べた。風呂は各運動部の連中が入ったあとで真っ黒によごれて底には砂がざらざらしていた。

日曜日など練習を早く終って風呂に入ると風呂の水とはこんなにも綺麗なものかと手で掬《すく》い上げて見たこともあるし、自分の太股がすき通って見えたのも不思議に思う程であった。然しその当時は自分のやっていることが少しも苦にならず、遊んでいる人が羨ましいとも何とも思わなかった。

寄宿舎の部屋には「寝台白布これを父母に受く敢て起床せざるは孝の始めなり。文無省」と大書して皆んなすやすやと寝ていた。

今の言葉で言えば、これが私の〝熱中時代〟とも言うべき時期であろうか。本当に何をやっても少しも苦にならず、どんな苦しいことも皆楽しかった。今考えればこの時代のささやかな精進努力が私の人生を作り上げてくれたような気がする。私は学校を出る時、五つのレコード賞を頂戴した。高師の競技部はインターカレッヂで優勝していた時代でレベルが高く、しかもレコード賞というのは高師始まって以来のレコードを破らなければならないので、たった一つのレコード賞を貰うのにも大変であった。

陸上競技専門の選手でさえ、めったに貰えないレコード賞を片手間にやっている剣道の私如きが五つのレコード賞を貰うとは、とても常識では考えられないことであるが、それはうそでも間違いでもなく厳然たる事実であり、一級下の吉岡隆徳君が短距離とリレーで四つ貰ったのが最高で、二人はよく対比された。私は五千米、一万米、玉川マラソン、大宮マラソン、駅伝第五区（小田原—箱根間）の五つの記録であったが、玉川マラソンと大宮マラソンは交通事情で消滅し、レコードだけが私の名前で未だに残っている。

玉川マラソンや大宮マラソンは知る人もなく、今では筑波大学の学生でも知らない人が多いだろうが、これは一つの歴史だから書き足しておかねばならない。これは嘉納治五郎先生が校長の時に、教育者には健康が第一だから先ず体を鍛えよという発想で春秋二回の全校マラソンを始められた。春は旧青山師範の校庭から玉川閣まで三里五丁の距離で、これは文科も理科も体育科も全校一人残らず走った。金栗先生などのOBもオブザーバーとして参加され実に盛大であった。秋は高等師範のグラウンドから埼玉県の大宮公園まで走り、OBや全校生徒の列が延々と続いて実に壮観であった。こうした歴史的行事も社会の交通事情により中止のやむなきに至ったが、その記録だけは永久に残っている。箱根の駅伝は小田原から箱根までの山登りで一番の難関であったが、これも私は一年の時から連続して走った。その後コースとゴールの位置が変ったために記録は消滅したが、歴史としての記録は消えることなく未だに生きている。

そして最近ある雑誌を見て驚いたが、私の五つの記録は全部私が二年の時に作ったものであり、どうしてこんな結果が出たのか私にも全く見当がつかない。三年の時も四年になってからも一年、二年の時以上にはげしい練習もやり幾多の経験も積んだ筈であるが、それが記録的には二年の時が一番よいとはどうにも解《げ》せないことであり今もって私にも分からない。

剣道でも、あたり盛りという時機があるのと同様に、他のスポーツでも能力の最盛期というのがあるのかもしれない。

こうして駅伝も終ったが、ある友達が卒業の時に「井上はどちらか一方をやっておれば、たいしたものになったのになあ」と言った。剣道か陸上かどちらか一方に専念していれば一人前になっただろう。だが両方やったから両方とも駄目になったという意味であったかもしれないが、私自身は決してそうは思っていない。

両方やって両方から実に貴い人生勉強をさせて貰ったと感謝している。

私共が学校を出る昭和の初め頃は剣道は三段とれば免許状が貰えたし、大部分は三段で、四段で出る者はクラスでせいぜい四、五人程度であった。そのむつかしい中に私はどういう風の吹き廻しか四段の末席をけがすことが出来た。陸上競技はやったが、そのために剣道をさぼるようなことはなく、寒稽古など朝の五時から始まるのに私は四時前には必ず行って道場で一人竹刀を振っていた。日頃充分やれない罪亡しの気持があったのであろう。

暗い道場で竹刀を振っていると高野先生だけがどこから来られるのか、師範室から時々顔を出して「井上さんですか」と優しい声をかけて下さった。

私が剣道でたった一つの誇りは、寒稽古だけは誰よりも早く道場に出て、ただの一度も人に遅れをとらなかったことである。

そんなことで卒業の時はお情けで四段を允許されたのかも知れない。

陸上競技では汗の貴さを知ったし、駅伝では責任の重大さを教えて貰った。

どんなに辛くても苦しくても、このタスキを次のランナーに手渡すまでは足が折れても心臓がとまっても走り続けなければならないという命がけの責任感である。私の友達などは余り苦しくて、向うから走ってくるトラックが自分に衝突してくれないものかと何度も思ったと述懐していた。駅伝とはそのくらい苦しいものである。今は箱根の山は公園のように綺麗になっているが、あの頃は文字通り天下の険で、九折羊腸の坂路に毎年雪が膝を没するまで積っていた。道の真ん中はとても走れないのでトラックのチェーンのわだちを辿ってあえぎあえぎ走ったものである。それに芦の湯温泉の峠まで行くと芦の湖から吹き上げて来るこな雪まじりの烈風をまともに受けて、走るどころではなく、全く息もつけない苦しさである。こうした箱根の山登りの苦しさを思えば世の中に辛いことは何一つないし、剣道の寒稽古などお茶のこさいさいである。

人間一度は地獄の底を見よと言われるが、私の人生で箱根の山登りと軍隊に召集された二等兵生活とは、これこそ地獄の生活であったが、これがまた人生の大きな節目となり、八十年の人生を支えてくれた大黒柱になっている。若い時の苦労は買ってもせよと言われるように、誰でも一度は地獄の責苦にあい、人間的に焼き直しをやって貰わなければ決して筋金入りの本物にはならない。

話が脇道にそれてしまったが、私の生い立ちや学生時代の事を知って頂くことは最後の結論を出す時に必要な要素条件となるからである。これから愈々本論の剣道人生を語らなければならない。

剣道人生

私は剣道の専門家とは言いながら実は剣道のキセル乗り人生であり、学校を出て五、六年は福岡の筑紫中学や大阪の北野中学の教員をやったが、あとは大阪府の武道主事を拝命し、その後は大学の学生課長や役所の保健体育課長などをやり、わき道にそれて剣道よりも体育行政の仕事の方が本職になっていた。

結局、剣道の充実期とも言うべき三十才から五十才ぐらいの一番大事な修行期間は剣道が片手間の仕事になり何だかアマチュアー的存在になっていた。そのため剣道は強くもならず大きな試合に出ることも少なく専ら連盟の役員などをやり、ただ剣道界の裏方さんに徹していた。

しかし剣道的にブランクであった時代に私は人間的には実に大きな人生勉強をさせて頂き、剣道で得難い貴重なものを与えられていた。

話を一応元にもどして終戦後の話から始めなければならない。

終戦後、剣道が学園追放になり、私も不在地主で田んぼを取られるから早く家に帰れという母の要請もあり、大阪で武道主事という本来の仕事もなくなった空しさと、月給ただ取りの生活も心苦しくて大阪府庁を辞めて郷里の福岡に帰った。帰ったけれども小作に入れていた田んぼは皆んなとられて残ったものは大きな家屋敷と大勢の家族だけであった。

昨日までは地主で威張っていたが、今日からはその小作人に頭を下げて一升二升の闇米を分けて貰うことは本当に辛かったし、情なくて泣きたいような時もあった。

そのうち第三回国体を福岡でやるから福岡の体育主事になれという要請があり母も許してくれたので福岡に行き皆さんのお蔭で何とか国体も無事終了することが出来た。

剣道界では撓競技が出来る頃で、私は電報一本で何度も上京させられた。

勿論旅費を出してくれる所もなく、新円の切り換えでお金もなければお米もない時代の話である。全く地獄のような生活で、子供達が持って行く弁当を少しずつけずって、それで小さな握り飯を作り、それが私の何日分かの食糧であった。全く栄養失調の一歩手前であり、誠に悲惨な地獄絵の様相であったが、そうこうしているうちに時代も変り、私にも少しずつ運が向いて来た。

国体終了後、平和台総合運動場の場長兼務を命じられた。その頃は体育課長の制度がなく体育主事のまま運動場長を命じられたが、運動場長は部長待遇で手当もあり、場長官舎もあった。兵隊の時に二等兵で泣いた兵舎のあとに場長官舎があり、一ペンに連隊長になったような感じで嬉しかった。

世の中は次第に平静になり人心も落着いて剣道ムードも次第に高まり、撓競技の理解もだんだん広まって来た。私は九州各県を廻って連盟の結成を促し、各県からはまた多くの人が色々と相談に来られて毎日賑かだったし、場所は平和台のど真ん中で大きな事務所には夜中まで電燈があかあかとついていた。

夜遅く家に帰る市長が「平和台はよく働くなあ」と運転手にほめていたそうであるが、我々の話の内容は役所の仕事のことでなくて剣道の話ばかりであり、市長にほめられるような内容のものではなかった。集まる人が剣道人であり、提《さ》げて来るのが焼酎だから飲む機会も多く、私の長い人生で一番無茶飲みをした時代であろう。「酒のない国に行きたや二日酔」という二日酔の苦しみも連日味わっていた。

そんな事であれやこれやと走り廻っているうちに九州剣道撓競技連盟が結成され、福岡の木曽会長が九州連盟の会長になられ、私がその下で九州連盟の理事長をやることになり、この頃が剣道的には一番張り切っていた時代である。こうして九州の組織も出来上り漸く天下が治まった頃にまた大阪から大阪医科大学の学生課長に来ないかという誘いがあった。もう福岡でもやるだけの事はやったし、河岸《かし》を替えて学生相手の仕事もいいだろうとまた大阪に舞い戻り、大阪には二度のつとめであった。この時が私にとっては最も安穏快適な時代であり、むつかしい仕事は何んにもなく、学生は医者の卵だから赤旗を振るようなこともないし、ただ仕事と言えばお嬢さんをつれたお母さんが来られて結婚の相談ばかりであった。

大きな学生課の応接間でお母さんとお嬢さんの哀願を聞いていると何だか自分が偉くなったような錯

覚を覚えた。

この間、医学部の屋上で学生相手に撓競技をやっていたが、未だ本格的な剣道の稽古は出来なかった。そのうち大阪商大や医科大学等が合併して大阪市大となり、私は本庁の健康教育課長を命じられた。ぼんくら課長で何も出来なかったし皆んなにご迷惑をかけるばかりであったが同僚の皆さんに助けられてどうにかその日を送ることが出来た。

丁度その頃オリンピックの覇者、南部忠平さんが大阪毎日新聞の運動部長であり、私は南部さんにスポーツの酷《きび》しいトレーニングや正しい日常生活などをつぶさに教えて頂いた。

南部さんの優しい笑顔から出る烈々の言葉が今でも私の耳の底に残っている。

その他バレーボールでオリンピックで優勝した日紡貝塚の大松監督や水泳の高石さん、高野連の佐伯達夫さんなど皆世界第一流の人格に接し遉《さすが》に世界の一級品は違うものだと心服した。

ここまで長々と自分の履歴書などを憶面もなく書いたが、実は話はこれからである。

私は剣道の畠に育ったが、中年にして大きなスポーツの原野に移植された。

百花繚乱のスポーツの原野には道場という小さな温室では見られない素晴しい花も咲き酷しい大自然の試錬もあった。

私はいつか「剣道人は面を取れ、道場を出でよ。そして青空を眺めて天地の広さを知れ」と生意気なことを書いたことがある。「剣道人は狭い道場で面を冠《かぶ》り、しかも面金の六本目と七本目の間から相手を見よ」と教えられている。だから視野狭搾症にかかり、天地の広さも他のスポーツのよさも余りよく分かっていない部分がある。剣道人は徒らに自らを高しとせず、この辺の理解を広めないと本当の意味の剣道の発展は期せられないであろう。

話は一変するが、昭和三十七年に大阪城内に修道館が完成した。当時は建設費が一億円とかで日本一の大道場を誇っていたが、今は次々に素晴しい大武道館が建設されて修道館も次第に影が薄くなって来た。私は当時、体育課長のまま初代館長を命じられたが、その開館式の時に故吉田誠宏先生が私に言われたことを今なお肝に銘じている。「井上君、修道館という日本一の道場を作って貰ったが、金蒔絵の重箱に馬糞を詰めるようなことはしてくれるなよ」と。これは私だけでなく全国各道場の責任者の心すべき名訓であろう。その時私は「金蒔絵の重箱には金の卵をつめますよ」と言ったが、これは嘘でもゼスチュアーでもなく私の信念であった。かくて私は修道館という素晴しい修錬の場を与えられ、水を得た魚のように躍り上った。私が最初に「私の人生は剣道のキセル乗りだ」と言ったのはまさにこの事であり、永らく剣道の本職から離れていたが、これでやっと元の道場に帰ることが出来た。

修道館では朝稽古もやり夕方の本稽古もやり実に充実した生活であった。大阪では朝稽古は育たないというジンクスがあり、私が東京に行ったあとはさびれるのではないかと心配していたが、多くの先生方の熱意と館生の努力によって内容も充実し益々隆々の発展を続けている。

昭和四十三年に二度目の定年を迎えた時、丁度東海大学に武道学科が出来るということで招かれて東海にお世話になることになった。私のキセル乗りも愈々《いよいよ》本道に入り剣道オンリーの生活が続いた。東海大学では新設の学部であり、他の先生方とも相談して実に快適な指導路線を敷くことが出来て本当に愉快な日々であった。当時の日誌を見ると大体一日平均三十名から三十五名ぐらいの学生と稽古をやり、時間も皆んな三分足らずである。

学年も氏名も書いてあり実に懐しいし、本当によい記録をとっていたものだと喜んでいる。昭和五十一年に東海大学を退職し、その後佐藤先生の御推挽により又しても玉川大学にお世話になることになり今日に及んでいる。

玉川大学には二度のつとめであるが「負うた子に教えられ」という諺の通り、私は負うた子に心の美しさを教えられ、更に負うた子の温い心に支えられて日々我が青春を取り戻している。実に有難い感謝の毎日である。

これで一応私の過去帳の披露は終ったが、なぜくどくどとこんなにも長い駄文を書いたかと言えば、この中にどうしても皆さんに反芻して貰い、更に実行して頂きたい三つの願望があったからである。

第一は〝一線突破〟ということである。

これは人並の努力でなしに人力の限りを尽くし、死線を突破する超人的努力の意味である。

一人前の努力は誰でもするが、それでは人には勝てないし永久に下積みである。

私の年譜からすれば高師の四年間であり、勿論これも一線突破とまではいかないが私としてはそれに近い努力はしたつもりである。

この四年間は我ながらよくやったと思うし、よくも途中で挫折しなかったものだと不思議に思うくらいである。

しかしこの苦難に堪え抜いたからこそ、その精神力が私の長い人生を支える支柱となり、今でも剣道をやり続けるような根気を作ってくれたのである。最近の世相は困難逃避行であり、何でも困難を避けて易きにつこうとする。その卑怯な根性が人間を堕落させ国家社会を荒廃させているのである。

剣道をやる者は先ずこの困難に体当りする精神を培わなければならないし、一度はこの苦難の管《くだ》を通さなければお役に立つ人間には絶対になれない。

「身を捨ててこそ浮ぶ瀬もあれ」という剣道捨身の訓えがその儘《まま》人生の中核的精神であることを忘れて

はならない。

第二は「継続は力なり」ということである。私も剣道の本道からはずれ、傍道《わきみち》に入った時、剣道をやめていたら恐らく今日の自分はなかっただろうと思う。定年で辞めたあとはきっとテレビの番をして、こたつに入り、腰も曲がり足も弱くなり老人の仲間入りをしていただろうが、曲りなりにも剣道を続けてやっていたばっかりに至極元気であり、今でも何をやるにも事欠かない健康体である。これも偏えに剣道を続けたおかげだと自分一人で感謝している。

人生は照る日曇る日であり、剣道などもうやめてしまおうと思う時も必ずある。その時のひとふん張りが将来を形成するものであり、そこを頑張り通さなければ剣道界の落ち武者であり人生の落伍者として最後を飾ることなどとても出来ない。心すべき一死成道の精神である。

第三は老後の剣道観である。

齢《よわい》八十を越した者が、これからの剣道などと言えば、あれもとうとう呆けたかと笑われるだろうが、私はぼけてもいなければ狂ってもいない。前にも書いたが五十には五十の剣道があり、八十からは八十過ぎての剣道がある筈である。私も若い時には若い時の稽古をやり、一通り本も読んだが、これは皆んな表面上の上辷《うわすべ》りであり、本は読んでも活字を読んだだけでその心を読んでいなかった。だから『五輪の書』でも『柳生家伝書』でも今読み返して、なる程そうだったのかと、やっとその真意が分かりかけて来たところである。

私は剣道の研究の足りなさを痛感したのはつい最近のことであり、本当の勉強はこれからだと思っている。

学問的には体力は二十五才迄、技術は五十才迄、知能は八十才迄がその限度だと言われているが、精神力には何等制限がない。

だから私は心の持ち方によっては人間は死ぬまで成長するものだと思っている。

今剣道の老人クラブが出来て多くのお年寄の先生方が熱心に稽古をしておられるお姿は実にたのもしい限りであり「年経ても老いぬ柳の深緑」の感を深くする。

持田先生は八十四才迄稽古をやられたそうであるが、私も今八十四才であり、これから先、曲りなりにも何年やれるかが楽しみであり、老後の剣道にどういう変化が起きるのかを見るのが一つの勉強でもあり、私の楽しい夢でもある。

剣道に於て苦難に勝つ一線突破の精神。どこ迄も継続する根性。更には年老いてもふけこまぬ修行心は人生の関門を通る三つの大事な手形であろう。

この三つの手形を宝として次代のランナーに手渡さなければならない。決して年寄の冷水ではなくて、剣道を思う老骨の執念である。昔から「人生はマラソン競走だ」と言われるが剣道人生も又まさに然りであり、仮りに折返し点をトップで走り抜けても後半で失速断念すればそれは何んにもならない落伍者である。最後のテープを切り、人生の月桂冠を戴いて笑う者は最後までコツコツと走り通した完走者でなければならない。

更に極言すれば、人よりも一粒多く汗を出す「努力の精神」と、どんなに辛くともやり抜く「継続の力」と、更には墓場までやり通す「生涯剣道」の根性の持主でなければならない。

私は今の若い人達にただこれだけの事を言いたいばっかりに無軌道の大迂回をし、敢てこの冗文を書き足したのである。

意のある所をお汲取り頂ければ有難いと思う。

総括（格技と武道）

武蔵は「兵法は道なり」と説き、柳生家伝書は「理を尊び法に従うを兵法と言う」と訓えている。いずれも現在の剣道理念と同様に剣の理法を修錬して人の道を探ろうとするものである。

然るに最近の剣道はこれらの大事な訓えと逆行し、ただ勝たんがための闘技となり、理法の壁を破ってあらぬ方向に氾濫し、剣道の本流から次第に遠ざかっている。

現在の剣道の姿を見て、これは立派だ、これが正しい剣道だと言う人は一人もいないだろう。

多くの人が困った、困った、最近の試合は見るに忍びないと言われるが、然らばどこをどう直したらよいのか、どうやったら剣道が元の姿に還るのかという、そうした事を具体的に進言して下さる先生は余り見当らない。

平成元年から剣道が〝格技〟から〝武道〟へと呼称が変ったが、それでも教育の現場にはいささかの変りもなく、剣道界には改正へのさざ波さえも立たない状態である。

実に憂うべき状況であり洵《まこと》に悲しむべき現象である。

全国各界の有識者が多年に亘りお骨折り頂いて、格技から武道への名称変更がなされたのは一体どこにその必要性があったのであろうか。現在の学校、警察、更には一般の稽古や試合を見る時、いずれも勝負オンリーに堕して、勝つためにはなり振り構わぬ醜状を呈している。この醜状醜態を正すには先ずその心の持ち方から立て直さなければならないというその根本理念に立っての発想であろう。

私共はここで、剣道とは何だ、剣道は一体何のためにやるんだというその原点に立ち還って、もう一度考え直してみなければならない。

他のスポーツは勝利至上主義であり、先ず勝つことに意義がある。然し剣道では「最初に精神教育ありき」で、先ず精神教育の目的を確立し、その行くべき路線を明確にし、その路線にそって勝負をすることが試合であり稽古である。だから他のスポーツでは勝つことが目的であっても剣道では勝負は過程であって目的ではない。

このことをとくと自覚しておかなければ今日のような混乱を招くことになる。

しかしここでは唯の一般論でなくて〝格技〟から〝武道〟へと改称された転轍の意義と具体的方法とを考えてみなければならない。

格技から武道へ移行した大義名分は、

一、我国個有の文化的特性を生かす。

二、伝統的行動の仕方を理解させる。

の二点であるが、武道の文化的特性とは一体何であろうか。

これは昔から「武に七徳あり、剣に五徳あり」と言われ、更に山鹿素行は「武に八徳あり」と言い、吉田松陰は「士規七則」を作った。

これらのものがすべて武道の文化的特性と言うべきものであろう。そしてこれを一言にして評するならば、日本古来の武士道精神である。武士道精神と言えば、それは封建時代の残滓だ、軍国調の復活だと反対する人があるかも知れないが、武士道精神こそ今の世になくてはならぬ一番貴い精神であり、日本人の中核をなす伝統的魂である。

なるほど武士道は鎌倉時代に於ては「君の御馬前に於て討死」することであった。

しかし徳川時代には熊沢蕃山を初め多くの陽明学者は挙《こぞ》って「武士道とは己を捨てて仁をなす犠牲の

精神」だと説いた。

更に山鹿素行は「義利の弁」を唱導し、義と利の間に截然たる一線を画し、両者を明らかに弁別すべきだと強調し、「武士道とは私利私欲を去って正義を貫く精神」だと定義づけた。ここに於て君臣の義は変じて四民平等、庶民相愛の精神に移行し、吉田松陰の言う如く武士道は士道となり、士道は天下万民の守るべき道徳的規範ということになったが、こう表現されれば誰一人反対する人もなく、異論を唱える人も無いであろう。

現代剣道が多くの識者に忌憚され、大衆からも敬遠されるゆえんのものは、その根幹をなす精神を忘れ、ただ勝たんかな主義の叩き合いに終始するからである。

第二の伝統的行動とは、我々が今やっている道場の入退場から正座、礼の仕方などすべてこれ伝統的素晴しい行動に違いないが、更に言えば武道の理想的行動の根本は「正義を尚び、廉恥を重んじ、礼節を旨とすべし」という正義、廉恥、礼節の三則であると思う。

この正義、廉恥、礼節を支柱とした三面鏡の中で行動すれば絶対に間違いもなく、誤りもなく、断じて人から指弾されるようなこともない。

以上の文化的特性と伝統的行動とを心の鏡として今日の剣道試合を見る時、その理想と現実とが余りにもかけはなれていることに驚くであろう。現在の〝ささら踊り〟と侮蔑されている剣道試合のやり方を矯正するには、全剣連の言う「剣の理法」という金言に照らして、これこそ「剣道の理念」に反するものだと直ちにこれを矯正すべきであろうが、既に今日までこの醜態の儘《まま》流れて来たものを急にここで方向転換をすることは極めて困難であり恐らく不可能であろう。であればこそ剣道を憂うる有識者の先生方がその転落の歯止めとして或いはその流れを変える放水路として「武道」という高く強固な堰堤を作って下さったのである。その有難さも分からぬまま感謝もせず、努力も忘れてただ、流れのままの筏《いかだ》乗りでは余りにも情けないし、余りにも無責任に過ぎると思う。今全剣連がやらねばならないことは試合審判と段位審査によって旧来の悪弊を根本から規正することである。

一文字開きの卑劣なやり方によって面も小手も胴も何もかも一緒に防ごうとする魂胆は洵に卑怯であり、武蔵の言う「兵法は道なり」と言う本旨にも反するし、柳生流で言う「切らせて切れ」という捨身の戦法からも程遠い。

今の剣道は教育上、打突の部位を決めて、勝敗を決しているが、真剣勝負には決められた打突の部位はなく、どこを切っても、どこを突いても相手に致命傷を与えた方が勝ちである。だから打突の部位だけを防ごうとするやり方は真剣勝負の精神に反し、剣道の理合に叛《そむ》くものである。

だから構えを崩し、不法の受け方をする者に対しては突きでも逆胴でも、下からの掬《すく》い小手でもどんどん採《と》るべきであり、更に左の揚《あ》げ小手を採るようにすれば、あの奇形の防禦は忽《たちま》ち姿を消すであろう。

更に昇段審査に於て、こんな卑劣なやり方や左足の突っ張り足など剣の理法に反する者はどしどし落として行けば、この悪法やインチキは忽ち規正出来ると思うが果してどうだろうか。私はこの事を多くの人にお願いしているが、昇段審査も試合審判規則も全剣連がその元綱を握っている以上、全剣連が全国に対して大号令をかけなければその実現はなかなか容易であるまい。結局、日本剣道をその儘《まま》窒息死させるか、それとも元の姿に復活させるかは全剣連の胸三寸にある。これ程荒廃した剣道を元の正道に戻すには剣道に対する誤れる認識を根本的に改めると同時に現実的には昇段審査と試合審判によって手きびしく修正する以外に方法はない。

前にも言ったが、どんなに正しい指導や矯正をやっても結果的には審判や昇段審査に勝てる威力はない。それ程審判や昇段審査は剣道人に対する影響力が大きいのである。心を正さずして現象面から正して行くことは教育としては或いは邪道かも知れないが、柳生流で言う「一殺多生の剣」であり、多くの人を生かすためには無慈悲でも悪を殺し、多少の犠牲は払わなければならない。

現在の衰亡した剣道と荒廃した人心を一新するにはこの最後の手段をとる以外に起死回生の方法は見当らない。

剣道とは外に表われた技によって外に表われない心を正して行くのがその本旨であり、剣道を文化的遺産だと標傍し、伝統的行動だとして誇るならば先ずこの一点からメスを入れなければならない。

私は随分長きに亘って全剣連の逆鱗《げきりん》にふれる事も言い、高段者のお気に召さぬことも言って来た。しかしそれは皆日本剣道の伝統の美を傷つけてはならないし、その素晴しい文化の芽を摘んでもならないという信念からであった。考えれば考えるほど日本剣道は立派だし、これくらい素晴しい日本人教育の素材は又とないと私は思う。ところが素材がいかに立派であってもその人間形成の工程に於て誤りがあれば、その製品はいびつになり、不合格のレッテルを貼られる。だから私は剣道工場における製造工程に誤りなきを期せよと叫び続けて来た。剣道人はふた言目には人間形成と言われるが、人間形成は或日突然出来るものではない。これは日常の言動が積み重なって習慣形成化され、更にこれが心身に浸透して身についた時に初めて人間形成と言えるので、我々の日常の言動こそ人間形成の一番大事な構成要素であり、最も重要な徳育のベースである。

だから現在のような醜悪な剣道をやっておれば醜悪な人間が形成され、インチキな試合をやっておればインチキな人間が出来上る。

昔の武士は一挙手一投足に心を配り、いやしくも武士として恥ずべきことは絶対にやらなかった。「身は捨てても名は捨てぬ」という高潔な精神であり、すべてが正義と廉恥を旨とし、礼節を忘れぬ行動であった。

私はこうした正義の心や廉恥の精神を子供に植えつけ、その魂を作るのが剣道の使命であり、指導者の責任であると堅く信じている。

現今の社会の荒乱、人心の退廃を見る時、いかに剣道教育が大事であるかを痛感し、「格技から武道へ」の現代的意義がいかに重要なものであるかを思い知らされるものである。

武蔵の言う「身を軽く思い、世を重く思うべし」の犠牲的精神が蘇り、『葉隠』の教える「御家を一人にて背負う」責任感が実動しなければならない一番緊急な時である。

剣道人の一人一人にこの信念と覚悟があれば日本剣道はまた必ず元の麗しい姿に還り、剣道は日本人の精神的支柱として更に高く評価されるであろう。

あと書き

武蔵は『五輪の書』の序に「天を拝し、観音を礼し、仏前に向ひ、生国播磨の武士新免武蔵藤原玄信、年積りて六十」と書いている。

武蔵は「年積りて六十」と述べているが、私は年積りて八十の高齢であり、智も涸《か》れ情熱も失せた唯一介の古老に過ぎない。

然し武蔵が「天を拝し観音を礼し」と書いているように、私もまた天を拝し剣道人の直心《じきしん》を礼し、湘南の一角にこの祈りの一文を書いたのである。

剣道という世界に比類のない、この貴い精神文化をこの儘衰亡消滅させてはならないという老骨の執念からであった。

富士山が十国に跨《また》がる名山と仰がれるように日本剣道はまた神国日本に聳《そび》える精神的霊峰として正義と廉恥を標傍する伝統の霊山《みやま》でなければならない。

私はそうした夢を追い、理想を探《たず》ねてこの一文に心血をそそいだのである。

御流覧の上、どこかが心琴にふれ、或いはどこかに心の接点を見出して頂けるならば、本当に有難いと思うし、そこを拠点に剣道の迷路を拓《ひら》き、社会の秩序を立て直して頂きたいと心から念願するものである。

最後に寸刻も惜しい激務のかたわら態々推薦の言葉を書いて頂いた坂本先生の御真情に対して心から感謝申し上げ、更に煩雑な出版業務にたずさわって頂いた「剣道時代」の各位に心から御礼を申し上げて擱筆したい。

井上正孝（いのうえ・まさたか）
明治40年福岡県に生まれる。福岡県立朝倉中学（現朝倉高校）卒。東京高師（現筑波大学）体育科卒。福岡県立筑紫中学（現筑紫丘高校）教諭。大阪府立北野中学（現北野高校）教諭。大阪府武道主事。福岡市体育主事兼平和台総合運動場長。大阪市立医科大学学生課長。大阪市体育課長。大阪市立修道館長。東海大学教授（昭和51年退職）。玉川大学剣道部名誉師範。全日本学校剣道連盟顧問。剣道範士、居合道教士。著書に『剣道審判必携』『スポーツ施設要覧』（共著）『相撲・柔道・剣道』（共著）『正眼の文化』『全剣連改革論』『人生読本・剣の声』『剣道はこう学べ』『日本剣道形の理論と実際』『剣道いろは論語』等がある。
平成15年7月3日逝去、享年97歳。

人生に生きる
五輪の書（新装版） 検印省略

平成15年4月1日 改訂新版発行
平成25年9月30日 5刷発行

著書 井上正孝
発行者 橋本雄一
発行所 株式会社 体育とスポーツ出版社
〒101-0054 東京都千代田区神田錦町1-13
宝栄錦町ビル3F
電話（03）3291-0911
FAX（03）3293-7750
振替 00100-7-25587
印刷所 図書印刷株式会社

乱丁本、落丁本はおとりかえいたします。
ISBN978-4-88458-012-4 C3075 ¥1800E

(2025年4月現在)

剣道学、筋トレ学を学ぶ 故に書を読む

体育とスポーツ出版社

図書目録

KEN DO JI DAI

月刊 剣道時代

Monthly Bodybuilding Magazine

ボディビルディング

(株)体育とスポーツ出版社

なんといってもためになる　剣道時代の本

生死の岐路で培われた心を打つ面

面 剣道範士九段楢崎正彦

剣道時代編集部編

A5判並製352頁・定価：2,860円

楢崎正彦範士の面は「楢崎の面」と称され、剣士たちの憧れであり、尊敬の念も込めてそう呼ばれた。人生観、剣道観が凝縮された面ゆえにひとびとの心を打ったのである。その面が生まれた要素のひとつとして戦後、26歳で収監されて約10年にも及ぶ巣鴨プリズンでの獄中生活が大きい。生死の岐路で培った強靭な精神で〝生ききる〟という気持ちを失わなかった。極限な状況にあっても日本人らしく武士道をつらぬいたのだった。楢崎範士がそういう心境になれたのは、巣鴨プリズンで同室となった岡田資中将（大岡昇平『ながい旅』の主人公」との交流が大きかった。楢崎範士の生き方はあなたの剣道観、いや人生観が変わるきっかけにもなるでしょう。とくに楢崎範士を知らない世代が多くなった若い世代に読んでもらいたい。

打たれ上手な人ほど上達がはやい！

剣道は乗って勝つ

岩立三郎 著　B5判並製・定価：1,980円

日本はもとより海外からも多数の剣士が集まる「松風館道場」。その館長岩立三郎範士八段が剣道愛好家に贈る剣道上達のポイント。剣道時代の連載記事と特集記事がまとめられた一冊である。

あなたの人生、剣道を導き支えてくれる本との出合い

礼法・作法なくして剣道なし

剣道の礼法と作法

馬場武典 著

B5判・定価：2,200円

30年前、剣道が礼法・作法による「人づくり」から離れていく風潮を憂い、『剣道礼法と作法』を著した著者が、さらに形骸化する剣道の礼法・作法を嘆き、"礼法・作法なくして剣道なし"と再び剣道の礼法と作法を取り上げ、真摯に剣道人に訴える

初太刀一本 千本の価値

神の心 剣の心（新装増補改訂版）

森島健男述　乃木神社尚武館道場編

四六判・定価：2,530円

本書は平成10年発行。森島範士（令和3年8月逝去）の剣道哲学の集大成の一冊である。森島範士が剣道人に伝えたかったことと剣道への想いが切々と語られている。復刊にあたり、「日本伝剣道の極意　乗る」「私の好きな言葉」、そして乃木神社尚武館道場の梯正治、坂口竹末両師範の追悼文を加えた新装増補改訂版である。

理に適う剣道を求めて

修養としての剣道

角正武 著

四六判・定価：1,760円

理に適うものを求めることこそが剣道と、生涯修行を旨とする剣道に、如何に取り組むのかをひも解いた書。健全な心身を養い、豊かな人格を磨いて充実した人生に寄与する修養としての道を分かりやすく解説した書

剣道を愛し、読書を愛する剣道時代の本

★ロングセラー本

剣道の極意と左足

小林三留 著

B5判・定価：1,760円

左足が剣道の根幹だ。まずは足腰を鍛え、剣道の土台づくりをすることが大切だ。著者小林三留範士八段が半世紀以上をかけて体得した剣道極意を凝縮した一冊!!

生涯剣道へのいざない 剣道の魅力

山神真一 著

四六判・定価：2,200円

剣道の魅力を様々な視座から追究することを通して、生涯剣道を考える機会をいただき、剣道を改めて見つめ直すことができたことは、私にとって望外な幸せでした。（中略）論を進めるにつれて、生涯剣道にも『守破離』に代表されるプロセスがあることに気づかされました（あとがきより）

剣道昇段審査対策21講

亀井徹 著

B5判・定価：1,760円

著者が剣道家として、選手権者として永年培ってきた経験をもとに、仕事で忙しい市民剣士向けにまとめた昇段審査対策を分かり易く解説。著者は、熊本県警察時代から警察官の指導だけでなく、市民剣士の指導にも携わって来た。剣道は、武術性・競技性・芸術性が必要であるという信念のもとに、強く美しい剣道を実践している。

あなたの人生観・剣道観を変える一冊の本との出合い

～八段までの笑いあり涙なしの合格不合格体験記～

奇跡の合格 剣道八段への軌跡

池澤清豪 著　四六判並製288頁・定価：2,200円

39歳三段リバ剣、65歳八段挑戦、69歳9回目で合格。永遠の若大将を自負する整形外科医が、自ら綴る笑いあり涙なしの合格不合格体験記。諦めず継続すれば力となって桜咲く。
大いに笑い、感銘、発見することでやる気が生まれる、元気が出てくる、勇気がもらえる。剣の道を輝かせたいあなたに贈る。おもしろくためになる痛快剣道エッセイ！
「改めて読み直すと沢山の合格のヒントを書いているのに気付きました」（本文より）
この本を読めばあなたも奇跡を起こす!?

- 序に代えて
  親友（心友）と剣道八段は剣道の神様から授かったごほうび
- 第一章◉八段審査1回目の巻
  お互いが相手に尊敬の念を抱くことがお互いの向上になる
- 第二章◉八段審査2回目の巻
  不合格はさわやかに受け入れよう
- 第三章◉八段審査3回目の巻
  次回は審査員の魂を揺さぶる気根で臨むと決意する
- 第四章◉八段審査4回目の巻
  八段は向こうからやって来ない。失敗しても何度でも起き上がって挑戦しよう
- 第五章◉八段審査5回目の巻
  恩師の言葉「目標があれば、いつも青春」を思い出し、また次に向けて頑張るぞ
- 第六章◉八段審査6回目の巻
  八段審査は「わび」「さび」の枯れた剣道では評価されないと再認識する
- 第七章◉八段審査7回目の巻
  努力は報われる。いや報われない努力もあるが、諦めず継続すれば桜咲く
- 第八章◉八段審査8回目の巻
  六・七段合格のゲンの良い名古屋で八段審査会。しかし七転び八転び
- 第九章◉八段審査9回目、そして最終回の巻
  ま、まさかのまさかで八段合格。常日頃、手を合わせていた母。なにかいいことがあると「それは私が祈っていたからよ」
- あとがきに代えて
  親友であり心友であり続ける葛西良紀へ

読者の感想

「剣の道の楽しさ、おもしろさは人生の後半にあることを教えてもらいました」（50代男性）

「著者の人柄がよく出ており、こうして八段になれたことがわかりました」（40代男性）

「著者の心のつぶやきが漫画を読んでいるみたいで笑いましたが、その裏にはためになることが多く書かれた本だと思います」（60代男性）

「おもしろおかしく書いてありますが、剣道八段に受かる大変さや素晴らしさが分りました」（40代女性）

「剣道をとおした人間ドラマであり、剣道を人生に置き換えると身近なものに感じられました」（50代女性）

「人間味あふれるエピソードの数々。諦めなければ私でも八段になれるかもしれないという希望を抱きました」（60代男性）

あなたの人生、剣道を導き支えてくれる本との出合い

良書復刊（オンデマンド版）

あなたは知っているか。師範室で語られた長老の佳話の数々

師範室閑話（新装版）

上牧宏 著　四六判248頁・定価：2,750円

「師範室閑話」は剣道時代に昭和61年8月号から昭和63年12月号にわたって連載。連載中から大いに評判を呼んだ。平成3年、連載当時のタイトルと内容を見直して再構成して単行本として発刊。刊行時、追加収録「桜田余聞」は筆者が歴史探訪中に偶然得た資料による。戦闘の生々しい活写は現代剣道家にとっても参考になるだろう。

【収録項目】

一、全剣連誕生秘話　戦後、剣道は禁止されたが、その暗黒時代を乗り越え、復活に情熱を傾ける人々がいた
二、浮木　一刀流の極意「浮木」とはどんな技か……
三、かすみ　上段に対抗し得る「かすみ」について説く
四、機会と間合　七段、八段の段審査における落とし穴を解明
五、妙義道場 郷土訪問秘話　妙義道場一行が郷里・上州（群馬県）を訪問。道中、持田盛二範士の清廉な人柄を物語るエピソードが……
六、審査員の目　ある地方で老九段が稽古後、静かな口調で話す
七、斎村先生と持田先生の教え　警視庁にも中には癖のある剣士がいた。そこで斎村、持田の両範士はどう指導したか
八、古老の剣談　修道学院（高野佐三郎）と有信館（中山博道）の門閥解消に努力した人
九、ある故人の話を思い出して　荒天の日の尚道館道場。晩年の斎村五郎範士と小野十生範士が余人を交えず剣を合わす
十、小川範士回顧談　剣と禅の大家、小川忠太郎範士は二十代の前半、三十歳で死んでもいいとして、捨て身の修行をする
十一、桜田余聞　桜田門外で井伊大老を襲ったのは、元水戸藩士十七名と元薩摩藩士十一名。其の攻防を活写し、逸話も紹介

五七五七七調で理解しやすい

剣道稽古歌集 道しるべ

上原茂男 著　A5判176頁・定価：2,750円

本書は剣道時代1987年3月号から2年間にわたって連載されたものをまとめて平成元年に発刊。文武両道、芸術にも通じた上原茂男氏（剣道教士七段）が、岡田道場（館長岡田茂正範士）での修錬の過程で得た教訓を31文字にまとめた短歌約三百首を27項目に分け、その教訓の意味が歌とともに説明されている。含蓄深い道歌と分かりやすい説明文が、各々の剣道観を高めてくれると思います。歌を口ずさめばおのずと身体にしみこんでいくことでしょう。

◆剣道に虚実は非ず常に実 実の中にも虚も有りにけり

面を打つなら面、小手を打つなら小手を攻めるべきで、面を攻めているのは見せかけで、実は小手を打つという虚から実への移りは剣道にはいらない。剣道は実から実でなければならず、面で決めようとして面を打って失敗したら、相手の体勢を見て小手なり胴へいくのである。そして小手が決まったとしたら、その前の面が結果的には虚ということになり、小手が実という具合になる。しかし、あくまでも最初から実で打つことで虚が生まれてくることを忘れてはならない。

なんといってもためになる　剣道時代オススメ居合道の本

2022年2月2日付毎日新聞朝刊「BOOK WATCHING」で紹介

各界のアスリートも経験

おうちで居合道

末岡志保美 著

A5判オールカラー96頁／実技はすべて動画・英訳つき（QR コード）・定価：1,540円

オンライン講座「おうちで居合道」との併用がおススメ！

「居合道に興味があるのですが、道場へ通う時間がなかなか取れなくて……」

「それならおうちで学んでみませんか」

「えっ、道場に通わなくても学べるんですか」

「はい、この本を教材にすればおうちで本格的に学べます。オンライン講座『おうちで居合道』で構築した基礎鍛錬や体さばきなど自主稽古法が豊富に紹介してあります。居合道の新しい学び方が盛りだくさん。実技はすべて動画・英訳つきです」

「なるほど。だからおうちでもできるんですね。できそうな気がしますが、刀はどうするのですか」

「ポリプロピレン製の刀だと数千円程度で買えます。これだと年配の方、お子さんでも安心して行なえます」

「安全でしかもおうち時間を有効に使えそうですね。なにかワクワクしてきました。剣道にも役立ちそうですね」

「はい、きっと剣道にも活かせるでしょう。前述した『おうちで居合道のオンライン講座』もあり、本と併用して学べますよ」

検索「おうちで居合道」（http://ouchideiaido.com/）

こどもの居合道

末岡志保美 著

A5判オールカラー96頁・定価：1,540円

現代に生きる子供たちの力を育む

「こども向けのクラスを開講しませんか」

最初は、大人向けの指導と同じように難しい言葉を使ってしまったり、ひたすら型の稽古をさせてしまったりして、学びに来ている子たちを混乱させてしまった部分もありましたが（笑）。（中略）それらの指導を通じ、多くの子供たちと触れ合う中で、一つの強い疑問が生まれました。〝この子たちが生きていく上で、本当に必要なものはなんだろう？〟（中略）（私は）居合道に出会い日々の稽古を重ねる中で、少しずつ変化をしていきました。悩んだ時に、考えるための基準値というものが出来たのです。（著者「はじめに」より）

姿勢、体幹、集中力、コミュニケーションスキル…。現代を生きる子供たちにとって必要な力を育む伝統武道＝居合道。本書では、それらの力の源となる〝軸〟を身につけることをテーマに、イラストや図解を多く用いながら、子供たちに居合道を分かりやすく楽しく伝えていく。軸の体づくり、実技などは動画つき（QR コード）で解説しており、子供たちだけでなく、親子で一緒に楽しみながら取り組むこともできる、これまでになかった一冊。

なんといってもためになる　剣道時代オススメ居合道の本

☆居合道教本のロングセラー

居合道 その理合と神髄

檀崎友彦 著　四六判並製・定価：3,850円

斯界の最高権威の檀崎友彦居合道範士九段が精魂込めて書き上げた名著を復刻。初伝大森流から中伝長谷川英信流、早抜きの部、奥居合の部など居合道教本の決定版である。

居合道で女子力アップ 凛々しく美しく強く

女子の居合道プログラム

新陰流協会 監修　A5判96頁・定価：1,518円

現代の世相を反映し、女性も強くなることへの関心が高まっている。ぜひ皆さんも新陰流居合道を学び、強く凛々しく美しくなる女子力向上に努めよう。本書が心身両面の強さを身につける道として居合道を学んでいくきっかけとなることを望んでいる。動画（QR コード）で所作・実技が学べる。

剣道人のバイブル 小川忠太郎関連良書

剣禅悟達の小川範士が説く珠玉の講話集

剣道講話（新装版）

小川忠太郎 著　A5判548頁・定価：4,950円

剣と禅の大家であり剣道界の精神的支柱として崇拝された小川範士初めての本格的な著書。3部構成。第一部「剣道講話」で剣道の理念を、第二部「不動智神妙録」で沢庵の名著を、第三部「剣と道」で論語・孟子等の大事な問題をそれぞれ解説。剣道の普遍性を改めて認識できる。★ロングセラー本

持田盛二範士十段—小川忠太郎範士九段

百回稽古（新装版）

小川忠太郎 著　A5判446頁・定価：4,180円

「昭和の剣聖」持田先生や当時の仲間との稽古の内容を小川範士は克明に記録し、絶えざる反省と発憤の糧とした。今その日記を読むと、一打一突に工夫・思索を深めていった修行の過程をたどることができる。

現代に生きる糧　小川忠太郎の遺した魂

刀耕清話

杉山融 著　A5判344頁・定価：2,750円

剣道を通じて人生を豊かなものにしたい人にオススメ。社会人としての私たちにとって大事なことは、剣道の修行を通して、しなやかでしっかりとした自己の確立をしていくこと、すなわち、事に臨んでも揺るがない本体の養成を平素から心掛けていくことにあると思います。（著者「まえがき」より）

剣道およびその他武道関連図書

剣技向上のために
剣道上達の秘訣
中野八十二範士指導
A5判・1,923円

本書は剣技向上をめざす剣士のために、剣道の技術に関するあらゆる要素を洗い出し、その一つ一つについてこの分野における斯界の第一人者である中野範士（九段）に具体的かつ詳細に解説して頂いた。
昭和60年発刊。重版を重ねるロングセラー。

現代剣道の源流「一刀流」のすべてを詳述
一刀流極意（新装版）
笹森順造著 A5判・4,730円

今日、古流の伝書類は各流ともほとんど散逸してしまったが、奇跡的にも日本最大の流派ともいうべき一刀流の極意書が完全な形で残されており、それらをもとに著者が精魂込めて書き上げた決定版である。

正しい剣道の学び方
剣道の手順（オンデマンド版）
佐久間三郎著 B5判・3,520円

「技術編」と「無くて七癖」に分かれ、技術編ではそれぞれのランクに応じた実技を解説。「無くて七癖」ではユニークな発想で、剣道におけるたくさんの癖を列挙し、上達を妨げる諸症状の一つ一つに適切な診断を下す。

剣禅悟達の小川範士が説く珠玉の講話集
剣道講話（新装版）
小川忠太郎著 A5判・4,950円

剣と禅の大家であり剣道界の精神的支柱として崇拝された小川範士初めての本格的な著書。「剣道講話」で剣道の理念を、「不動智神妙録」で沢庵の名著を、「剣と道」で論語・孟子等の大事な問題を解説。

持田盛二範士十段－小川忠太郎範士九段
百回稽古（新装版）
小川忠太郎著 A5判・4,180円

「昭和の剣聖」持田先生や当時の仲間との稽古の内容を小川範士は毎日克明に記録し、絶えざる反省と発憤の糧とした。今その日誌を読むと、一打一突に工夫・思索を深めていった修行の過程をたどることができる。

現代に生きる糧　小川忠太郎の遺した魂
刀耕清話
杉山 融著　A5判・2,750円

剣道を通じて人生を豊かなものに。小川忠太郎範士九段が遺した崇高なこころを解説。充実した人生の実現に向けた道標となる一冊。

生涯剣道への道しるべ
剣道年代別稽古法（オンデマンド版）
角　正武著　四六判・3,300円

教育剣道を求め続けている著者が、各年代別に留意した稽古法を解説。心身一元的に技を追求する剣道永遠の「文化の薫り」を汲み取る剣道人必携の一冊。

人生訓の数々
剣道いろは論語（オンデマンド版）
井上正孝著　A5判・4,950円

斯界の現役最長老である井上範士が、いろは歌留多の形で先人の金言・格言を解説したもので、剣道家はもちろん剣道に関心を持つ一般大衆にも分かり易く、剣道への理解を深める上で大いに参考になるであろう。

人生に生きる
五輪の書（新装版）
井上正孝著　A5判・1,980円

本書は剣道界きっての論客である井上正孝範士が初めて剣道家のために書き下ろした剣道と人生に生きる「五輪書」の解説書である。

1世紀を超える道場の教えとは
東京修道館剣道教本
中村福義著　B5判・1,780円

私設道場100年以上の歴史を持つ東京修道館。三代にわたり剣道を通して剛健なる青少年育成に努めて多くの優秀な人材を輩出した。その教育方針を三代目中村福義氏が剣道時代誌上で発表したものをまとめた一冊。

昇段審査・剣道指導にもこの一冊！
剣道の法則
堀籠敬蔵著
四六判上製・2,750円

剣を学ぶ　道を学ぶ
それぞれの段位にふさわしい教養を身に付けてほしいものである。お互いがそれぞれの技倆に応じた理論を身に付けることこそ、剣道人として大事なことではないだろうか。
著者「はじめに」より

風が生まれる　光があふれる
天馬よ 剣道宮崎正裕
堂本昭彦著 A5判上製・2,090円

全日本選手権大会６回優勝、うち連覇２回。全国警察官大会６回優勝。世界剣道選手権大会優勝。平成の剣道界に新しい風と光をもたらした宮崎正裕とその同時代に活躍した剣士たちの青春と試合の軌跡をさわやかに描いた剣道実録小説。

剣道およびその他武道関連図書

昇段審査を目指す人必読
剣道 審査員の目 1.2.3
「剣道時代」編集部編
四六判上製・各巻2,200円(第3巻は並製)

剣道範士75人が明かす高段位審査の着眼点と修行の心得とは―。剣道の理想の姿を求める人たちへの指針ともなるシリーズ。あなたはここを見られている！
意外な点に気づかされ、自分の剣道を見つめ直すことも合格へとつながる道となるだろう。

剣道昇段審査合格の秘密
剣道時代編集部編　**(新装版)**
A5判・2,750円

合格率1パーセント。日本最難関の試験に合格した人達はどんな稽古を実践したのか。八段合格者88人の体験記にその秘密があった。

全日本剣道連盟「杖道」写真解説書
改訂 杖道入門
米野光太郎監修、松井健二編著
B5判・3,666円

平成15年に改訂された全剣連杖道解説書に基づいた最新版。豊富な連続写真を元に懇切丁寧な解説付。杖道愛好者必携の書。全国稽古場ガイド付

古流へのいざないとしての
杖道打太刀入門
松井健二著　A5判・2,750円

杖道の打太刀の解説を通して、太刀遣いの基本や古流との相違点を易しく説いた入門書。武道家なら知っておきたい基本極意が満載。

水南老人講話　宮本武蔵
堂本昭彦・石神卓馬著
A5判上製・3,080円

あの武術教員養成所で多くの俊秀を育てた水南楠正位がとくに剣道家のために講義した宮本武蔵。大日本武徳会の明治もあわせて収録した。

小森園正雄剣道口述録　冷暖自知　改題
剣道は面一本(新装版)
大矢　稔編著 A5判・2,200円

「剣道は面一本！その答えは自分で出すものである」元国際武道大学武道学科主任教授小森園範士九段が口述された剣道の妙諦を忠実に記録。

生涯剣道はいがっぺよ
百歳までの剣道
岡村忠典著 四六判上製・2,640円

剣道大好き人間がすすめる生涯剣道のクスリ。「向上しつつ生涯剣道」を続けるための稽古法や呼吸法など従来にはなかった画期的な本。

生涯剣道をもとめて
石原忠美・岡村忠典の剣道歓談
石原忠美・岡村忠典著
四六判上製・2,640円

90歳現役剣士が生涯をかけて体得した剣道の精髄を聞き手名手の岡村氏が引出す。以前に刊行した「円相の風光」を改題、増補改訂版。

生涯錬磨　剣道稽古日誌
倉澤照彦著 A5判上製・3,080円

50歳で剣道八段合格。自分の修行はこれからだと覚悟を固めた著者53歳～64歳の12年間の稽古反省抄。今は亡き伝説の名剣士も多数登場。

ゼロからわかる木刀による
剣道基本技稽古法(DVD付)
太田忠徳解説　B5判・2,200円

剣道級位審査で導入にされた「木刀による剣道基本技稽古法」。本と動画で指導上のポイントから学び方まで制定に携わった太田範士がわかりやすく解説。DVD付

居合道審査員の目
「剣道時代」編集部編
四六判上製・2,200円

居合道審査員は審査でどこを見て何を求めているか。15人の八段審査員が明かした審査上の着眼点と重要項目。よくわかる昇段への道。

剣道およびその他武道関連図書

剣道時代ブックレット②
悠久剣の道を尋ねて
堀籠敬蔵著　四六判・838円

京都武専に学び、剣道範士九段の著者が剣道生活八十年の総まとめとして日本伝剣道の歩みをまとめた魂の叫び。若き指導者に望むもの。

剣道はこんなに深い
快剣撥雲　豊穣の剣道
(オンデマンド版)
作道正夫著　A5判・2,750円

剣道もわれわれ人間と同様この時代、この社会に生きている。
日常にひそむ剣道の文化性、教育性、社会性を透視し、その意義を問いなおす。
思索する剣道家作道正夫の剣道理論が初めて一冊の本になった。大阪発作道流剣道論。

剣道極意授けます
剣道時代編集部編
B5判・2,475円

10名の剣道八段範士（小林三留、岩立三郎、矢野博志、太田忠徳、小林英雄、有馬光男、渡邊哲也、角正武、忍足功、小坂達明）たちがそっと授ける剣道の極意。教科書や教本には絶対に載っていない剣道の極意をあなたにそっと授けます。

末野栄二の剣道秘訣
末野栄二著 B5判・2,750円

全日本選手権優勝、全剣連設立50周年記念優勝等ながく剣道界で活躍する著者が、自身の優勝体験をもとに伝授する剣道上達の秘訣が凝縮された力作

本番で差が付く
剣道のメンタル強化法
矢野宏光著 四六判・1,760円

実戦で揺るがない心をつくるためのアドバイス。スポーツ心理学者が初めて紐解く、本番（試合・審査）で強くなりたい人のための剣道メンタル強化法。

社会人のための考える剣道
祝 要司著 四六判・1,760円

稽古時間が少ない。トレーニングが出来ない。道場へ行けない。もんもんと地稽古だけ続けている社会人剣士に捧げる待望の一冊。

強くなるための
剣道コンディショニング&トレーニング
齋藤実編著 B5判・2,750円

剣道の試合に勝つ、審査に受かるには準備が必要だ。トレーニング、食事、水分摂取の方法を新進の研究者たちはわかりやすく紹介する。

名手直伝
剣道上達講座1・2・3
剣道時代編集部編
B5判・1,2巻2,475円 3巻1,760円

16人の剣道名手（八段範士）が公開する剣道上達の秘訣。中級者以上はここから基本と応用を見極め、さらなる上達に必須の書。有馬光男、千葉仁、藤原崇郎、忍足功、船津普治、石田利也、東良美、香田郁秀、二子石貴資、谷勝彦ほか

剣道は乗って勝つ
岩立三郎著 B5判・1,980円

日本はもとより海外からも多数の剣士が集まる「松風館道場」。その館長岩立範士八段が剣道愛好家に贈る剣道上達のためのポイント。

剣道特訓これで進化(上)・(下)
剣道時代編集部編
B5判・各巻1,760円

昇段をめざす市民剣士のための稽古読本。多数の剣道カリスマ講師陣たちがいろいろな視点から剣道上達のために役立つ特訓を行なう。

仕事で忙しい人のための
剣道トレーニング(DVD付き)
齋藤　実著 B5判・2,970円

少しの工夫で一回の稽古を充実させる。自宅で出来る簡単トレーニングを中心に剣道上達に役立つストレッチ等の方法を紹介。

全日本剣道選手権者の稽古
剣道時代編集部編
B5判・1,980円

全日本選手権大会優勝をはじめ各種大会で栄冠を手にした４名の剣士たち（高鍋進・寺本将司・原田悟・近本巧）が実践する稽古法を完全収録。

剣道およびその他武道関連図書

勝って打つ剣道

古川和男著

B5判126頁・1,760円

隙があれば打つ。隙がなければ崩して打つ。強くて美しい剣道で定評のある古川和男範士が、勝って打つ剣道を指導する、珠玉の一冊。一足一刀の間合から一拍子で打つ剣道を求めよう

正しく美しい剣道を求める

優美な剣道 出ばな一閃

谷勝彦著

B5判132頁・1,760円

正しく美しい剣道を求めてきた谷勝彦範士。目指した山の頂を一つ超えると、見える景色もまた変わる。常に新たな発見・体験があると信じて挑戦を続けることが剣道だ。これまでの自分の修行から得たものをまとめたのが本書である。本書での二つの大きなテーマは根本的・本質的に別々のものではなく共通点や関連性があるという。

剣道昇段への道筋(上)・(下)

剣道時代編集部編

A5判・各巻2,475円

2007年～2012年の日本最難関の試験である剣道八段審査の合格者の生の体験記から審査合格の法則を学べ！

脳を活性化させる剣道

湯村正仁著

四六判・1,430円

正しい剣道が脳を活性化。免疫力・学力向上・老化予防も高める。その正しい剣道を姿勢、呼吸、心の観点から医師で剣道範士八段の筆者が紐解いて詳解する。

年齢とともに伸びていく剣道

林　邦夫著

A5判・2,200円

質的転換を心がければ、剣道は何歳になっても強くなれる。年齢を重ねてもなお最高のパフォーマンスを発揮するための方法を紐解く。

詩集 剣道みちすがら

国見修二著

A5判・1,375円

剣道を愛する詩人・国見修二が詩のテーマにはならないと思われていた剣道をテーマに綴った四十篇の詩。これは正に剣道の指南書だ！

剣道 強豪高校の稽古

剣道時代編集部編

B5判・2,200円

九州学院、水戸葵陵、明豊、本庄第一、高千穂、奈良大付属、島原の7校の稽古が事細かく写真と共に紹介されている。

剣道 強豪大学の稽古

剣道時代編集部編

B5判・1,760円

学生日本一に輝いた国士舘大学、筑波大学、鹿屋体育大学、大阪体育大学の4校の稽古を連続写真であますところなく紹介。映像を見るならDVDも発売中（定価・4,950円）

オススメ図書

あの王貞治、高倉健も学んだ羽賀剣道の気攻めと手の内

昭和の鬼才 羽賀準一の剣道

卯木照邦著
B5判並製・1,760円
羽賀準一の剣道は気迫・気位で脳髄・内臓を圧迫することだった。年を重ねても気を高めることができると考えていた。著者は学生時代から羽賀準一に師事し、現在一剣会羽賀道場三代目会長として羽賀精神の継承に努めている。

特製函入り　永久保存版

徳江正之写真集「剣道・伝説の京都大会（昭和）」（オンデマンド版）

A4判・7,700円
初の京都大会写真集。剣道を愛した写真家徳江正之が寡黙に撮り続けた京都大会の記録。なつかしい昭和のあの風景この人物、伝説の立合がいまよみがえる。
208ページ　（2017年４月発行）

コーチングこんなときどうする？

高畑好秀著
A5判・1,760円
『いまどきの選手』があなたの指導を待っている。困った状況を解決する30の指導法を具体的な事例で実際の打開策を提示、解説する。　（2017年11月発行）

剣道「先師からの伝言」（上）・（下）

矢野博志著
B5判・各巻1,430円
60年の長きにわたって修行を続ける矢野博志範士八段が、先師から習得した心技体をあきらかにし、その貴重な伝言をいま語り継ぐ。　（2017年11月発行）

剣道 心の鍛え方

矢野宏光著
四六判・1,760円
大好評の『剣道のメンタル強化法』に次ぐ、著者の剣道メンタル強化法第２弾。パフォーマンス発揮のための心理的課題の改善に向けた具体的な取組方法をアドバイスする。　（2018年４月発行）

オススメ図書

心を打つ剣道

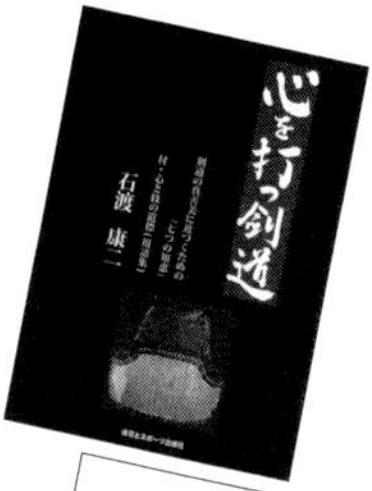

石渡康二著
A5判・2,750円
自分らしい「心を打つ剣道」すなわち勝敗や強弱ではなく真・善・美を共感する剣道に近づくための、七つの知恵を紹介する。　（2018年７月発行）

心に響け剣の声

村嶋恒徳著
A5判・3,300円
組織で働く人は利益をめざすため顧客と対峙して戦略・戦術に従って、機を見て打ち込んでいく。剣道の本当の修錬の姿は、正にビジネスにおけるマーケティングの理想と同じであり、道の中で利益を出すことを理想とする、この剣道の考え方を働くリーダーのために著者が書き下ろした魂の作品。　（2025年1月発行）

二人の武人が現代人に伝える真理
柳生十兵衛と千葉真一

小山将生著（新陰流協会代表師範）
A5判・1,540円
新陰流を通じて千葉真一氏と親しく交流していた著者が、なぜ千葉氏が柳生十兵衛を敬愛していた理由を説き明かす。

剣道修錬の着眼点

濱﨑満著
B5判・1,760円
剣道は生涯剣道といわれるように終わりがない。生涯にわたり追求すべき素晴らしい伝統文化としての剣道。その剣道修錬の着眼点とは。　（2018年11月発行）

筋トレが救った癌との命がけの戦い

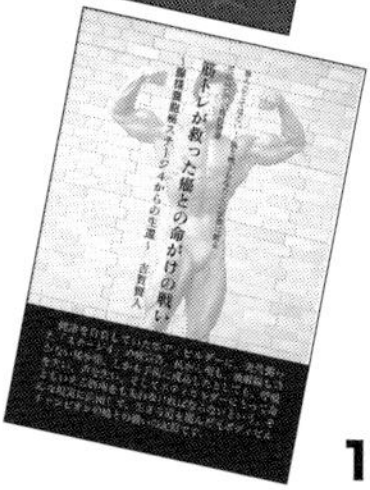

吉賀賢人著
A5判・1,980円
ボディビルダーに突然襲った癌の宣告。抗がん剤も放射線も効かない稀少癌。その元ボディビルチャンピオン『吉賀賢人』の癌との戦いの記録。
（2019年１月発行）

武道名著復刻シリーズ（オンデマンド版）

剣法至極詳伝
木下壽徳著
大正２年発行／四六判・3,080円

東京帝国大学剣道師範をつとめた木下翁の著になる近代剣道史上の名著を復刻。初歩から奥義に至る次第を五七調の歌に託し、道歌の一つ一つに解説がつけられている。

剣道秘要
宮本武蔵著　三橋鑑一郎註
明治42年発行／四六判・2,750円

2003年大河ドラマ関連本。武蔵が体得した勝負の理論を試合や稽古に生かしたい人、武蔵研究の材料を求めている人など、武蔵と「五輪書」に興味を持つ人におすすめしたい良書。

二刀流を語る
吉田精顕著
昭和16年発行／四六判・3,080円

武蔵の二刀流を真正面から取り上げた異色の書。二刀の持ち方から構え方、打ち方、受け方、身体の動作などの技術面はもちろん、心理面に至るまで解説された二刀流指南書。

日本剣道と西洋剣技
中山博道・善道共著
昭和12年発行／四六判・3,520円

剣道に関する書物は多数発行されているが、西洋剣技と比較対照した著述は、恐らく本書が唯一のものと言える。剣道の概要について外国人が読むことを考慮して平易に書かれている。

剣道手引草
中山博道著
大正12年発行／四六判・1,980円

剣道・居合道・杖道合わせて三道範士だった著者の門下からは多数の俊才が巣立ち、我が国剣道界に一大剣脈を形成した。その教えについて平易に解説した手引書。

剣道の発達
下川 潮著
大正14年発行／四六判・4,620円

下川氏ははじめ二天一流を学び、その後無刀流を学ぶかたわら西洋史を修め、京都帝大に入り武道史を研究した結果、本書を卒論として著作した。後世への遺著として本書が発行された。

剣道指南
小澤愛次郎著
昭和３年発行／四六判・3,300円

初版が発売されるや爆発的な評判となり、版を重ねること20数版という剣道の書物では空前のベストセラーとなった。附録に近世の剣士34人の小伝及び逸話が収録されている。

皇国剣道史
小澤愛次郎著
昭和19年発行／四六判・3,300円

剣道の歴史について詳述した書物は意外に少なく、古今を問わず技術書が圧倒的に多い。その点、神代から現代までの各時代における剣道界の動きを説いた本書は一読の価値あり。

剣道修行
亀山文之輔著
昭和７年発行／四六判・3,300円

昭和７年発行の名著を復刻。教育の現場で剣道指導に携わってきた著者が剣道修得の方法をわかりやすく解説している。

剣道神髄と指導法詳説
谷田左一著　高野茂義校閲
昭和10年発行／四六判・5,280円

668頁にも及ぶ大書であり、剣道に関するいろいろな項目を広範囲にとらえ編纂されている不朽の名著をオンデマンド復刻した。今なお評価の高い一冊である。

武道名著復刻シリーズ（オンデマンド版）

剣道講話
堀田捨次郎著
昭和10年発行／四六判・3,630円

昭和４年に天覧試合に出場したのを記念して執筆、編纂したもの。著者は数多くの剣道書を残しているが、本書はその決定版ともいえる一冊である。

剣道新手引
堀田捨次郎著
昭和12年発行／四六判・2,860円

昭和12年初版、13年に再版発行した名著を復刻。警視庁武道師範の著者が学校・警察・社会体育等の場で教育的に剣道を指導する人たちに贈る手引書。

千葉周作遺稿
千葉榮一郎編
昭和17年発行／四六判・3,630円

昭和17年発行の名著を復刻。
剣法秘訣」「北辰一刀流兵法目録」などを収録したロングセラー。

剣道極意
堀田捨次郎著
大正７年発行／四六判・3,740円

剣道の根本理念、わざと心の関係、修養の指針などを理論的に述べ、剣道の妙締をわかりやすく説明している。大正中期の発行だが、文章も平易で漢字は全てふりがな付きで、中・高校生でも読むことができる。

剣道時代ライブラリー
居合道　－その理合と神髄－
檀崎友彰著
昭和63年発行／四六判・3,850円

斯界の最高権威が精魂込めて書き上げた名著を復刻。初伝大森流から中伝長谷川英信流、早抜の部、奥居合の部など居合道教本の決定版。

剣道時代ライブラリー
剣道の学び方
佐藤忠三著
昭和54年発行／四六判・2,420円

32歳で武道専門学校教授、のちに剣道範士九段となった著者が、何のために剣道を学ぶのか、初心者でもわかるように解説した名著を復刻。

剣道時代ライブラリー
私の剣道修行　第一巻・第二巻
「剣道時代」編集部編
第一巻　昭和60年発行／四六判・5,280円
第二巻　昭和61年発行／四六判・7,150円

我が国剣道界最高峰の先生方48名が語る修行談。各先生方のそれぞれ異なった血の滲むような修行のお話が適切なアドバイスになるだろう。先生方のお話を出来るだけ生のかたちで収録したため、一人ひとりに語りかけるような感じになっている。

剣道時代ライブラリー
帝国剣道教本
小川金之助著
昭和７年発行／四六判・3,080円

武専教授・小川金之助範士十段の良書を復刻!!
昭和６年４月、剣道が中等学校の必須科目となった。本書は、その中等学校の生徒に教えるために作られた教科書であり、良書として当時広く読まれていた。

スポーツ関連およびその他オススメ図書

スポーツで知る、人を動かす言葉

スポーツと言葉

西田善夫著 B6判・1,047円

元 NHK スポーツアナウンサーの著者が高校野球の名監督・木内幸男氏を中心にイチロー、有森裕子らの名選手の言葉と会話術に迫る。（2003年12月発行）

対談・現代社会に「侍」を活かす小池一夫術

不滅の侍伝説『子連れ狼』

小池一夫・多田容子共著 四六判・1,650円

名作『子連れ狼』で描かれる「侍の魅力」について、原作者小池一夫氏が女流時代小説家多田容子氏と対談。侍ブームの今、注目の書。（2004年8月発行）

殺陣武術指導**林邦史朗**

特別対談／役者・緒形拳 × 殺陣師・林邦史朗

男二人お互いの人生に感ずる意気

林邦史朗著 四六判上製・1,760円

大河ドラマ殺陣師として知られる林邦史朗氏が殺陣の見所や作り方を紹介。さらに終章で殺陣が持つ魅力を役者緒形拳氏とともに語っていく。（2004年12月発行）

北京へ向けた0からのスタート

井上康生が負けた日

柳川悠二著 四六判・1,320円

日本中が驚いたアテネ五輪での「本命」、柔道井上康生の敗北理由を彼の父であり師でもある井上明氏への密着取材から導いていく。（2004年12月発行）

座頭鯨と海の仲間たち 宮城清写真集

宮城 清著 B5判・1,980円

沖縄慶良間の海に展開するザトウクジラを撮り続けて20年。慶良間の海で育ったカメラマン宮城清が集大成として上梓する渾身の一冊。（2005年12月発行）

定説の誤りを正す

宮本武蔵正伝

森田　栄著 A5判・3,850円

今までいくつの武蔵伝が出版されてきたであろう。著者があらゆる方面の資料を分析した結果解明された本当の武蔵正伝。（2014年10月発行）

自転車旅のすすめ

のぐちやすお著 A5判・1,760円

サイクリングの魅力にとりつかれ、年少時の虚弱体質を克服。１９８１年以来、世界中を計４３万キロ走破。その著者がすすめる自転車旅。（2016年７月発行）

スポーツ関連およびその他オススメ図書

勝負を決する！ スポーツ心理の法則

高畑好秀著 四六判・1,760円

心を強く鍛え、選手をその気にさせる18のメンタルトレーニングを「なぜ、それが必要なのか」というところから説き起こして解説。(2012年1月発行)

もっとその気にさせるコーチング術

高畑好秀著 四六判・1,760円

選手と指導者のためのスポーツ心理学活用法。選手の実力を引出す32の実戦的方法。具体例、実践アドバイス、図解で選手が変わる！(2012年9月発行)

スポーツ傷害とリハビリテーション

小山 郁著 四六判・1,980円

スポーツで起こりやすい外傷・障害についてわかりやすく解説。重症度と時間経過に応じた実戦的なリハビリプログラム40。(2013年12月発行)

チーム力を高める36の練習法

高畑好秀著 A5判・1,760円

本番で全員が実力を出しきるための組織づくり。チーム力アップに必要なユニークな実践練習メニューを紹介。楽しみながらスキルアップ。(2014年4月発行)

やってはいけないコーチング

高畑好秀著 四六判・1,760円

ダメなコーチにならないための33の教えをわかりやすくレクチャー。好評の「もっとその気にさせるコーチング術」に続く著者第３弾。(2015年3月発行)

女子選手のコーチング

八ッ橋賀子著 A5判・1,760円

今や目を見張る各スポーツ界における女子選手の活躍。経験から養った「女子選手の力を100%引き出すためのコーチング術」を伝授。(2015年7月発行)

野球こんなときどうする？

高畑好秀著 A5判・1,760円

野球の試合や練習中に直面しそうなピンチの場面を30シーン取り上げて、その対処法と練習法を教えます。自分でできるメンタル調整法。(2016年1月発行)

選手に寄り添うコーチング

八ッ橋賀子著 A5判・1,760円

著者、八ッ橋賀子のコーチング第二弾！ メンタルトレーナーの著者が、いまどきの選手をその気にさせ、良い結果を得るために必要な選手に寄り添うコーチング術を伝授する。(2017年３月発行)

ボディビルディングおよび ウエイトトレーニング関連図書

ポイント整理で学ぶ実践・指導のマニュアル
競技スポーツのための ウエイトトレーニング
有賀誠司著　B5判・3,300円

ウエイトトレーニングが競技力向上や傷害事故の予防に必須であるという認知度が上がってきている中、指導者に問われる基礎項目はもちろん、各部位別のトレーニングのテクニックを約600点におよぶ写真付きで詳しく解説している。

ボディビルダー必読、究極の筋肉を作り上げる
ボディビルハンドブック
クリス・アセート著 A5判・1,980円

ボディビルダーにとってトレーニングと栄養学についての知識は必須のものであるが、その正しい知識を身に付け是非ともその努力に見合った最大限の効果をこの一冊から得てほしい。又ストレングスの向上をめざすトレーニーにもお勧めである。

すぐに役立つ健康と体力づくりのための
栄養学ハンドブック
クリス・アセート著 A5判・1,980円

我々の身体は日々の食事からつくられている。そして、その身体を正常に機能させるにはさまざまな栄養素が必要である。その一方で、最近は栄養の摂りすぎ又バランスのくずれが大きな問題となっている。では、どのようなものをどのくらい食べればよいか、本書が答えてくれる。

トレーニングの歴史がこの一冊でわかる
私のウェイトトレーニング50年
窪田 登著 A5判上製函入・8,905円

ウエイトトレーニングの先駆者である窪田登氏が自ら歩んできた道程を書き綴った自叙伝に加え、ウエイトトレーニングの歴史、そこに名を残す力技師たちなどが紹介されている。ウエイトトレーニング愛好者なら必ず手元に置いておきたい一冊。

パワーリフティングの初歩から高度テクまで
パワーリフティング入門
吉田　進著　B5判・1,620円

スクワット、ベンチプレス、デッドリフトの挙上重量のトータルを競うパワーリフティング。強くなるためには、ただ重いものを挙げれば良いというものではない。そこには科学的で合理的なアプローチが存在する。その方法が基礎から学べる一冊。

トップビルダーの鮮烈写真集
BODYBUILDERS
岡部充撮影　直販限定本(書店からは不可)
A4判上製・特価2,989円(カバーに少し汚れ)

80年代から90年代にかけて活躍した海外のトップビルダーたちが勢ぞろいした贅沢な写真集。リー・ヘイニー、ショーン・レイ、ビンス・テイラー、ティエリー・パステル、ロン・ラブ、ミロス・シャシブ、リッチ・ギャスパリ、フレックス・ウィラー他

スポーツマンのための
サプルメントバイブル(新装版)
吉見正美著　B5判・2,090円

日本でも最近スポーツ選手を中心に大いに注目されるようになったサプルメント。それは通常の食事からは摂りきれない各種の栄養を補う栄養補助食品のこと。本書は種類およびその使用方法から適切な摂取量などにわたり、すぐに役立つ情報が満載。

初心者でも一人で学べる
部位別ウエイトトレーニング
小沼敏雄監修　B5判・1,650円
(85、87～99年日本ボディビル選手権チャンピオン)

ウエイトトレーニングを始めたい、でもスポーツジムへ行くのは嫌だし身近に教えてくれる人もいない。この本は各筋肉部位別にエクササイズを紹介し、基本動作から呼吸法、注意点等を分かりやすく解説しているので、これからウエイトトレーニングを始めたい人にも是非おすすめしたい一冊。

ボディビルディングおよびウエイトトレーニング関連図書

理論と実践で100%成功するダイエット
ダイエットは科学だ
クリス・アセート著
A5判1,430円

この本を読み切る事は少々困難かもしれない。しかし、ダイエット法はすでに学問であり科学である。そのノウハウを修得しなければ成功はあり得ない。だが、一度そのノウハウを身に付けてしまえばあなたは永遠に理想のボディを手に入れることができる。

日本ボディビル連盟創立50周年記念
日本ボディビル連盟50年の歩み
50年史編纂委員会編集
A4判・2,750円

敗戦の混乱の中、ボディビルによって明るく力強い日本の復興を夢みた男たちの活動が、JBBFの原点だった。以来数々の試練を乗り越えて日本オリンピック委員会に正式加盟するに至る激動の歴史を、各種の大会の歴史とともに網羅した、資料価値の高いビルダー必携の記念誌。

スポーツトレーナーが指導している
これが正しい筋力トレーニングだ!
21世紀筋力トレーニングアカデミー著
B5判・1,572円

経験豊富なスポーツトレーナーが、科学的データを駆使して解説する筋力トレーニングの指導書。競技能力を高めたいアスリート必見!「特筆すべきは、トレーニングの基礎理論と具体的方法が研究者の視線ではなく、現場指導の視線で捉えられている」(推薦文・石井直方氏)

筋力トレーニング法100年史
窪田 登著　B6判・1,100円

80年代発刊の名書に大幅に加筆、訂正を加え復刻させた待望の一冊。ウェイトトレーニングの変遷を写真とともに分かりやすく解説。

スポーツトレーナー必読!
競技スポーツ別
ウェイトトレーニングマニュアル
有賀誠司著　B5判・1,650円

筋力トレーニングのパフォーマンス向上の為に競技スポーツ別に解説する他、走る・投げる・打つ等の動作別にもくわしく解説している。

続・パワーリフティング入門
吉田 進著　B5判・2,090円

現在発売中の『パワーリフティング入門』の続編。中味をさらにステップアップさせた内容となり、より強くなりたい方必読の一冊。

ベンチプレス 基礎から実践
東坂康司著　B5判・2,860円

ベンチプレスの基本事項ならびに実際にトレーニングを行う上での重要ポイントを分かりやすく具体的に解説。ベンチプレス本初の出版。

ベンチプレス フォームと補助種目
東坂康司著　B5判・1,980円

大好評のシリーズ第1巻「基礎から実践」に引続いて、個別フォームの方法やベンチプレス強化の上でも効果のある補助種目を詳細に解説。

究極のトレーニングバイブル
小川 淳著　B5判・1,650円

肉体と精神　究極のメンタルトレーニングであるヘビーデューティマインドこそ、ウエイトトレーニングに悩む多くの競技者の一助になる一冊である。

アスリートのための
分子栄養学
星 真理著　B5判・2,343円

人それぞれで必要な栄養量は大きく違うはずである。本書では、分子栄養学的に見た栄養と体の働きの深い関わりを分かりやすく解説。

(株)体育とスポーツ出版社

〒135-0016　東京都江東区東陽2-2-20 3F

[営業・広告部]

TEL 03-6660-3131　FAX 03-6660-3132
Eメール　eigyobu-taiiku-sports@thinkgroup.co.jp
郵便振替口座番号　00100−7−25587　体育とスポーツ出版社

[剣道時代編集部]

〒101-0065　東京都千代田区西神田2-4-6宮川ビル2F
TEL 03-6265-6554　FAX 03-6265-6553

[ボディビルディング編集部]

〒179-0071　東京都練馬区旭町3-24-16-102
TEL 03-5904-5583　FAX 03-5904-5584